Crónica de Flores y Blancaflor

MEDIEVAL AND RENAISSANCE
TEXTS AND STUDIES

VOLUME 374

Crónica de
Flores y Blancaflor

Edition and Study by
David Arbesú

ACMRS
(Arizona Center for Medieval and Renaissance Studies)
Tempe, Arizona
2011

*The publication of this volume has been greatly assisted by
a grant from the Program for Cultural Cooperation between
Spain's Ministry of Culture and United States Universities.*

Published by ACMRS (Arizona Center for Medieval and Renaissance Studies)
Tempe, Arizona
© 2011 Arizona Board of Regents for Arizona State University.
All Rights Reserved.

Library of Congress Cataloging-in-Publication Data

Crónica de Flores y Blancaflor / edition and study by David Arbesú.
    p. cm. -- (Medieval and Renaissance texts and studies ; v. 374)
  Text in Old Spanish is an edition of MS. B. N. Madrid 7583, fols. 5v-50v;
introduction and notes in English.
  Includes bibliographical references and indexes.
  ISBN 978-0-86698-422-5 (alk. paper)
 1. Floire et Blancheflor (Romance) I. Arbes?-Fern?ndez, David, 1978- II. Floire et Blancheflor (Romance). Spanish (Old Spanish) III. Title. IV. Series.

PQ6390.F7 2011
861'.1--dc22

2011005279

Front Cover:
Signo Rodado: MS HC 380/439.
The Hispanic Society of America,
Department of Manuscripts and Rare Books.

∞
This book is made to last. It is set in Adobe Caslon Pro,
smyth-sewn and printed on acid-free paper to library specifications.
Printed in the United States of America.

Este libro va dedicado, con cariño, a Tatá, Tinín, Rebeca y Noemí, que siempre pusieron huevo *para el viaje al Nuevo Mundo.*

Table of Contents

Preface — ix

Introduction — 1
Flores y Blancaflor and the European Families — 3
Origins of the Legend — 9
The Spanish Medieval Witnesses — 13
The Spanish *Chronicle* — 22
Manuscript Biblioteca Nacional de Madrid 7583 — 25
Sigiberto and the *Estoria del señorio de Africa* — 27
Muslim and Christian Spain in the Eighth Century — 29
Facsimile of MS. B. N. Madrid 7583 — 34
Editorial Criteria — 35

Bibliography — 37
Manuscript — 37
Editions — 37
Selected Bibliography — 40

Crónica de Flores y Blancaflor — 49
   I. Del linaje que vinieron Flores e Blancaflor — 49
   II. Del Rey don Alfonso el que dixeron catholico — 54
   III. Del Rey don Alfonso e de sus fechos — 56
   IV. Del Rey Fines e de Flores e Blancaflor — 56
   V. De Ysca Miramomelin, como enbio a España, por rey, a Abdurramen — 60

VI. De Flores e Blancaflor	62
VII. Del Rey don Alfonso el catholico	66
VIII. Del Rey Fines e del Ynfante Flores	67
IX. De las cosas que acaesçieron en España	73
X. Del Infante Flores	75
XI. De las cosas que acaesçieron en España	77
XII. Del Infante Flores	79
XIII. Del Infante Flores	81
XIV. De los fechos de España	86
XV. De Flores e Blancaflor	87
XVI. De Gaydon, ayo de Flores, e de Gandifer, su maestro	93
XVII. De los fechos que acaesçieron en España	96
XVIII. De los moros de España	99
XIX. De Flores e Blancaflor	99
XX. La estoria de Flores e Blancaflor, como los traxo el alguazil a la corte por mandado del rey	104
XXI. La estoria de los fechos que acaesçieron en España	113
XXII. Del Rey don Fruela, fijo del Rey don Alfonso	114
XXIII. De Flores e Blancaflor	115
XXIV. De los fechos del Rey don Fruela	121
XXV. La estoria del Rey Fines, padre del Rey Flores	121
XXVI. Del fecho de Flores e Blancaflor	124
XXVII. De los mandaderos que el Rey Flores enbio a la corte de Roma	125
XXVIII. De Moroan, miramomelin de Africa	127
XXIX. La estoria del Rey Flores e de Yuçaf Alchari	133
Index of Proper Names	137
Index of Place Names	145

Preface

Editing the medieval Spanish version of *Flores y Blancaflor* has been a truly demanding task, but also one that has brought its editor many satisfactions. It goes without saying that I could not have written this book without the help of many people, all of whom have contributed to this edition in many different — yet valuable — ways. It was in 2002 when I first discovered the medieval version of *Flores y Blancaflor* in a course taught by Julio Vélez Sainz at the University of Massachusetts Amherst. With patience I managed to turn a rough draft of this edition into my Master's Thesis. At this stage the manuscript benefited greatly from the suggestions made by the members of the committee, and especially from the unforgiving pen of Nina M. Scott (UMass Amherst), to whom I am deeply indebted for her numerous corrections to the Introduction and Notes. Whatever is of value in my words owes much to her comments, and particularly to the generosity of Michael Papio (UMass Amherst), who selflessly offered to revise and correct the final drafts of this book.

Some of my findings regarding *Flores y Blancaflor* were initially presented in 2003 at a conference that took place at the King Juan Carlos I Center of New York University, although my ideas regarding the manuscript have progressed much since then. On the following year I was fortunate enough to come across Francisco Gago Jover (College of the Holy Cross), with whom I worked in a paleographical edition of this text for the Hispanic Seminary of Medieval Studies (Hispanic Society, New York). It would be difficult to bring to mind how much I have learned in this process, and how grateful I am to Paco for sharing with me his expertise in transcribing and editing medieval Spanish manuscripts. His many comments and suggestions, especially those regarding the textual notes — which often escaped me — have clearly made this edition a much more valuable one. I must also acknowledge that, among the many scholars with whom I have shared my ideas, Arthur F. Kinney (Massachusetts Center for Renaissance Studies) deserves a special mention. It was he who — from the very beginning — showed interest in this project, and encouraged me to a great extent to carry out the edition of the manuscript. Were it not for his encouraging words, the story of *Flores y Blancaflor* might as well have remained unedited.

During the time that I have worked on this book I have had the privilege of discussing parts of it with Pedro Correa (Granada) and with Patricia Grieve (Columbia University). Later on, Francisco Bautista (Universidad de Salamanca) was kind enough to send me a copy of his edition of the *Crónica carolingia*, in which the reader may find the story of the two lovers. It goes without saying that they need not agree with my conclusions, but all of them are cited regularly throughout the book, for their expertise in *Flores y Blancaflor* goes undisputed. Even though both Correa's and Bautista's editions came out when this book was already out of my hands, in the process of revising my edition I have tried to include as much information as possible from their introductions and notes.

My greatest thanks go to the readers appointed by ACMRS at Arizona State University, and to Leslie MacCoull, who copyedited the rough draft of this book. Their guidance and corrections have considerably improved this edition. I am also grateful to the staff of ACMRS, especially to Robert Bjork, Editor, and to Managing Editor Roy Rukkila, who was unfailingly kind and helpful during the process of bringing this book to light. Thanks are also due to Todd Halvorsen, Manager of Design and Production, who took care of the final stages of the process and the cover art. To my new colleagues at Augustana College, and to my family and friends, who are already weary of hearing me lecture on the legend of the two lovers: Concha Fernández, Roberto Arbesú, Próspero García, Francisco Meizoso, and *especially* Marta Corveiras. They all have my heartfelt gratitude.

Introduction

The story of *Flores y Blancaflor* has always been what would definitely be called a medieval bestseller. In fact, the story enjoyed such popularity throughout the late Middle Ages and the Renaissance that there are today more than twelve different extant versions, surviving in approximately twenty manuscripts in almost every European language. This number takes into consideration only the versions of which we are aware, for every now and then — as is the case for this text — a different and, indeed, crucial variant of the story is discovered. We must ask ourselves, then, what lies at the heart of the narrative of *Flores y Blancaflor* that can account for its popularity, and what allowed the legend to cross every frontier on the continent, regardless of language or culture, and to receive such a warm response from its many "readers." As a matter of fact, the echoes of the story in other medieval works are so numerous that modern criticism is still unsure as to which country should be given credit for its original composition.

On the one hand, the story contained in MS. B. N. Madrid 7583 is a clear attempt to link the history of Spain with Charlemagne, the greatest emperor of the Middle Ages, and as such it falls into one of the three *materes* — "subject matters" — of medieval romance that Jean de Bodel delineated in his thirteenth-century *Chanson de Saisnes*:

> N'en sont que trois materes a nul home entendant
> de France, et de Bretaigne, et de Rome la grant.[1]

The Carolingian cycle, stories dealing with Charlemagne, develop legends related to France; the Breton cycle comprises those dealing with King Arthur, the Knights of the Round Table, and the quest for the Holy Grail; the Roman cycle, related to the *Gesta Romanorum*, relates legends and anecdotes from classical Rome. The fact that *Flores y Blancaflor* fits neatly within one of these three categories goes a long way toward explaining why the story enjoyed such a privileged position among other literary works of the time, but it does not alone account for the rapid expansion of the legend throughout Europe, or for the appearance of such an extraordinary number of manuscript copies in such a short period of time.

---

[1] "There are but three 'subject matters' that no one should be without / That of France, and of Britain, and that of Rome the great." Unless otherwise noted, all translations in the Introduction and Edition are mine.

On the other hand, if one is to take into account the large quantity of references to Flores and Blancaflor in French and Spanish medieval literature, there seems to have been a tendency to link the names of the protagonists with well-defined classical lovers such as Tristan and Isolde, Pyramus and Thisbe, or Paris and Viana.[2] That gives us the second reason for the story's overwhelming popularity: it is an account of the triumph of love. Although stories of classical lovers to which this legend is compared do not usually have a happy ending, here the triumph of love over race and religion, and the plot of the lovers reunited, soon gave *Flores y Blancaflor* a special place in the hearts of its public.

The classification of these texts has always responded, then, to one of these two characteristics. A. Deyermond seems to have initially given more importance to the motif of one lover's search for the other, and classifies works such as this one within the genre of adventure novels;[3] however, he also suggests, along with N. Baranda and V. Infantes, the classification of "idyllic romance," focusing more on the universal subjects of the story.[4] P. Bohigas classifies them accordingly into "adventure novels," whose main characteristic is their hagiographic component, or else their historical approach. Nevertheless, he often assigns them to the category of stories that deal with Carolingian topics.[5]

We have yet to consider the classical definition in the west of "Byzantine novel," an adventure narrative in which the (male) protagonist must leave his native land to retrieve his lover, who has been taken from him. Such a definition implies that the stories falling into this category must necessarily depict a journey into an exotic land, the accomplishment of a series of chronologically arranged tasks, and the removal of impediments or obstacles that separate the hero from the object of his quest. The story of *Flores y Blancaflor* falls entirely into this category, although scholars are reluctant to relegate medieval works to this genre. Iberian studies in

---

[2] There are large numbers of examples that seem to link the literary tradition of *Flores y Blancaflor* with these universal pairs of lovers. The examples found in medieval works of the Iberian Peninsula, whose closest version of the legend is probably the text of the *Chronicle*, are analyzed below.

[3] A. Deyermond, *Historia de la literatura española: Edad Media* (Barcelona: Ariel, 1973), 183–84.

[4] A. Deyermond, "The Lost Genre of Medieval Spanish Literature," *Hispanic Review* 43 (1975): 231–59. Baranda and Infantes have grouped the sixteenth-century edition of *Flores y Blancaflor* with *Paris y Viana* and *La Doncella Teodor* in their edition of these texts. Here they argue that "our three literary pieces belong to a group of short narrative texts which, from the thirteenth to the fifteenth centuries, constituted the European literary tradition based on Arthurian or Carolingian subjects, derived in part from classical or hagiographic traditions, and in part as a consequence of the formalization process for legends that had a considerable transmission from the Orient into Europe": N. Baranda and V. Infantes, *Narrativa popular de la Edad Media* (Madrid: Akal, 1995), 6.

[5] P. Bohigas, *Libros de caballerías* (Madrid: BAE, 1857), 63.

the Byzantine novel, including those of M. Á. Teijeiro Fuentes[6] or J. González Rovira,[7] give no consideration to any Spanish work composed before the sixteenth century, since they assume the classical Byzantine novel to be a genre resurrected in the Renaissance (Spain's Golden Age).[8]

Although the narrative of *Flores y Blancaflor* cannot be considered a prime example of this genre (it is, after all, included in a chronicle), proof of its relationship to the Byzantine novel is found within the text in a short paragraph that, in my opinion, constitutes in itself a true definition of the genre:

> E [Flores] dixo al Rey Fines, su padre, los grandes peligros que paso [en Babilonia] . . . mas dixole que agora agradesçie a Dios quanta merçed le fiziera en cobrar a Blancaflor e en guardar su cuerpo de quantos peligros auie passados.[9]

Depicted here is the hero's quest to gain back Blancaflor, the series of tasks and impediments set out for him along his journey, and the final overcoming of the obstacles that separated him from his lover, whom he was able to recover and bring back to his kingdom.

Flores y Blancaflor and the European Families

Because there are so many versions of *Flores y Blancaflor*, the task of elaborating a thorough classification of its variations and of establishing the precise relationships among the extant manuscripts has never been completely carried out. In fact, opinions vary so widely that, as F. J. Ortolá Salas has concluded, "the elucidation of these aspects seems to us impossible."[10] Nevertheless, those scholars

---

[6] M. Á. Teijeiro Fuentes, *La novela bizantina española* (Cáceres: University of Extremadura Press, 1988).

[7] J. González Rovira, *La novela bizantina de la Edad de Oro* (Madrid: Gredos, 1996).

[8] Cf. M. Futre Pinheiro, "The *Nachleben* of the Ancient Novel in Iberian Literature in the Sixteenth Century," in *The Novel in the Ancient World*, ed. G. Schmeling (Leiden: Brill, 1996), 775–99.

[9] "And [Flores] told his father, King Fines, of all the great dangers he had overcome [in Babylon] . . . and told him he was thankful for all the mercy God had granted him in retrieving Blancaflor, and in safeguarding his body from all the dangers he had escaped."

[10] F. J. Ortolá Salas, "La canción popular en las novelas bizantinas de *Imperio y Margarona* y *Florio y Platzia Floria*," *Erytheia* 19 (1998): 57–73. Valuable approaches to this matter can be seen in O. M. Johnston, "Origin of the Legend of *Floire and Blancheflor*," in *Matzke Memorial Volume* (Stanford: University of California Press, 1911), 125–38; M. Delbouille, "A propos de la patrie et de la date de *Floire et Blanchefleur*," in *Mélanges de linguistique et de littérature romanes offerts à Mario Roques*, 4 vols. (Paris: Éditions Art

who conducted the first critical studies of the legend outlined a set of well-defined families that have remained unaltered to this day.[11] The stemma is problematic from the start. According to Baranda and Infantes, "critics have always assumed that the primitive version of the story was written in French, but its oldest survivors are not in that language."[12] Moreover, every stemma of its families has always taken the French versions as a starting point, and the French manuscripts have always been considered the proto-fable for each and every subsequent European family. Thus we can distinguish two different French families: one that critics have come to call *aristocratic, Conte*, or *I*,[13] surviving in four manuscripts,[14] and one that has been called *popular, Roman*, or *II*,[15] which survives (without the final episodes of the story) only in MS. D of the Bibliothèque Nationale de France. From the aristocratic family derive all the versions from Northern Europe: the Trier fragments from the end of the twelfth century, an amplified version of these by Konrad Fleck in High German in the thirteenth century, a Dutch version of the same time, one version in Norwegian, and one in Middle English.[16]

---

et Science, 1952), 4: 53–98; or M. Cacciaglia, "Appunti sul problema delle fonti del Romanzo di *Floire et Blancheflor*," *Zeitschrift für Romanische Philologie* 80 (1964): 241–55. More recent studies are those of Baranda and Infantes, *Narrativa*; P. Grieve, *Floire and Blancheflor and the European Romance* (Cambridge: Cambridge University Press, 1997); or focusing on MS. 7583, P. Correa Rodríguez, *Flores y Blancaflor: un capítulo de literatura comparada* (Granada: University of Granada Press, 2002).

[11] The first critical studies of *Flores y Blancaflor* are the works of P. Paris, ed., *Romancero françois* (Paris: Techener, 1833); E. du Méril, ed., *Floire et Blancheflor, poèmes du XIIIe siècle publiés d'après les manuscrits* (Paris: P. Jannet, 1856); D. Laing, ed., *A Penni Worth of Witte* (Edinburgh: Abbotsford Club, 1857); and E. Sommer, ed., *Floire und Blantscheflur* (Quedlinburg: Gottfried Basse, 1846).

[12] Baranda and Infantes, *Narrativa*, 20.

[13] For comparative reasons, I retain unaltered the classification of families resulting from the work of G. Paris, "Review of *Cantare di Fiorio e Biancifiore*," *Romania* 28 (1899): 439–47, which Baranda and Infantes also maintain and to which they assign numbers I to V (*Narrativa*, 20–25). Modern editions of the aristocratic family are those by du Méril, *Floire et Blancheflor*, and by M. Pelan, ed., *Floire et Blancheflor: édition du MS. 1447 du fonds français* (Paris: Belles Lettres, 1956).

[14] MS. Vatican (early thirteenth c.); National Library of France, MS. A (end thirteenth c.); National Library of France, MSS. B and C (early fourteenth c.)

[15] A modern edition of the popular version is the one by M. Pelan, ed., *Floire et Blancheflor: édition du MS. 19152* (Paris: Ophrys, 1975).

[16] For the Trier fragments see E. Steinmeyer, ed., "Trierer Floyris," *Zeitschrift für deutsches Alterthum und deutsche Litteratur* 21 (1877): 307–31. For Konrad Fleck's version there is an edition by Sommer, *Floire und Blantscheflur*. The Dutch version is a translation by Diederic van Assenede, which can be consulted in P. Leendertz, ed., *Floris ende Blancefloer door Diederic van Assenede* (Leiden: Sijthoff, 1912). For the Norwegian version see E. Kölbing, ed., *Flóres saga ok Blankiflúr* (The Hague: Niemeyer, 1896). Finally,

The popular French version (II), which was composed approximately at the same time as the aristocratic (I), gets its name from the fact that it is indeed an adaptation of the legend aimed at a lower-class public, with consequent modifications of poetic forms and motifs. From this one derive all the Mediterranean versions that make up the third (III) family: a Greek version, three Italian compositions of the *Cantare di Fiorio e Biancifiore* from the beginning of the fourteenth century, the version contained in Boccaccio's *Filocolo* (1336), and the Spanish printed edition of the sixteenth century.[17] Although all these texts derive directly from II, they all retain specific characteristics that link them to I.

To complete the stemma, we must postulate two different families that apparently have little connection to the others: one comprises the *Chronicle*, MS. 7583, and is labelled IV,[18] and the other, V, corresponds to the version containing the *Titurel* (1217). The different manuscript families can be described with the following stemma:

— I. French aristocratic (12th/13th c.) → Trier fragments (12th c.) → Konrad Fleck (13th c.)
→ Dutch (13th c.)
→ Swedish
[Lost ancestor]   → Norwegian
→ English

— II. French popular (12th/13th c.)→ III. Italian (early 14th c.) → Greek
→ *Filocolo* (1336)
→ Spanish (1512* / 1524)

— IV. *Crónica de Flores y Blancaflor*
— V. *Titurel* (1217)

---

all manuscripts of the Middle English version lack the beginning of the story. These are MS. British Library Cotton Vitellius d.iii (ca. 1200); MS. National Library of Scotland Advocates 19.2.21 (Auchinleck MS. [ca. 1250]); MS. British Library Egerton 2862 (ca. 1300); MS. Cambridge University Library Gg. 4.27.2 (ca. 1300). Modern edition by F. C. de Vries, ed., *Floris and Blancheflur: A Middle English Romance* (Amsterdam: University of Amsterdam Press, 1966).

[17] Greek version in K. Papanikolaou, ed., *Florios kai Platziaflora* (Athens: Oikos, 1939), and F. J. Ortolá Salas, ed., *Florio y Platzia Flora* (Madrid: CSIC, 1998) or F. J. Ortolá Salas, ed., *Florio y Platzia Flora: una novela bizantina de época paleóloga* (Cádiz: University of Cádiz Press, 1999). For the Italian see V. Crescini, ed., *Cantare di Fiorio e Biancifiore*, 2 vols. (Bologna: Romagnoli-Dall'Acqua, 1888–1899); G. Crocioni, ed., *Cantare di Fiorio e Biancofiore* (Rome: Società Filologica Romana, 1903); F. Daumas, ed., *Flore et Blancheflour* (Paris: Larousse, 1986). For Boccaccio's *Filocolo* see A. E. Quaglio, ed., *Filocolo* (Milan: Mondadori, 1998).

[18] Obviously, G. Paris could not postulate group IV for MS. 7583, since he did not know of its existence. I keep the classification of Baranda and Infantes (*Narrativa*, 20–25).

Examining the number of extant versions and their ultimate relationship to one (or more) of the French manuscripts, critics have postulated a "proto-fable" of the legend which lies at the very heart of the French families. The stemma, however, is by no means either definitive or complete, insofar as it still contains significant problems. If we take, for example, the relationship between the Trier fragments and the aristocratic French family, we see that dates are incompatible. According to Baranda, who is also aware of the difference in dates, the connection is made through Konrad Fleck's retelling of the fragments, but if we keep in mind that the surviving manuscripts of the French family are from the thirteenth and fourteenth centuries, and that the Trier fragments date from the end of the twelfth century, this connection is simply not possible. The connection has to be made through Ortolá Salas's assertion that the legend probably took shape in France in the twelfth century, ca. 1160. Ortolá Salas agrees, then, with the critical mainstream, which argues that none of the extant manuscripts correspond to an original version of the story. This is also the case, as we will see, for the Spanish version contained in MS. 7583.

However, whereas all critics had assumed that a versification of the legend first took place in France, the discovery of the Spanish *Chronicle* casts serious doubt upon this assumption, and shifts the focus of attention to the Iberian Peninsula. What is more, the discovery of the Spanish *Chronicle* has raised further problems in determining the relationship among its European versions. Because we cannot, of course, speak of "coincidences" in paleographic studies, these little puzzles suggest that certain relations among the texts remain unsolved. How is it possible, for example, that the Norwegian version retains the name "Alfanges" for Flores's companion, which is present only in the Spanish *Chronicle*?[19] Where does the shipwreck of the heroes, unique to the *Chronicle* text, come from in the Spanish printed edition? Why are so many details, originally ascribed to the genius of Boccaccio, also present in the *Chronicle*?

Finally, that the Mediterranean family derives from the French popular version (II) but retains characteristics of the aristocratic (I) makes it necessary to postulate a French common (lost) ancestor for *both* the aristocratic and the popular manuscripts. There would be no need to classify the two French families I and II as belonging to different traditions. Although both families have specific characteristics that set them apart from each other, it is obvious that they both derive from a lost common ancestor, which may very well be the poetic original which Ortolá Salas dates to the twelfth century. Although there is strong evidence to support the existence of a common ancestor for the "aristocratic" and "popular" versions, this does not necessarily mean that the first versification of the legend

---

[19] The fact that the Norwegian version keeps the name "Alfanges" is extremely interesting because the name of the admiral certainly derives from the Spanish *alfanje*, which was the name used to refer to the Arabs' swords. That the Norwegian version is somehow connected to the Spanish *Chronicle* is, then, more than likely, but critics have not yet solved this problem.

took place in France, for we may just as well argue for a Spanish original.[20] An analysis of the variants among the French families, like those in J. Reinhold, Baranda and Infantes, or Grieve,[21] proves that there is just one important variant between the aristocratic and the popular families, since one is a reworking of the other. The author of the popular version of *Flores y Blancaflor* (MS. D) has introduced an episode in which Blancaflor is falsely accused of trying to poison the king. This episode, of course, can be seen in all the texts of family III, which presumably derive from the French popular manuscript. Regarding other variants between the stories, we find that it is always a variant in III that sets the Mediterranean texts apart from the French ones, aristocratic or popular. Thus, it was the author of the first version produced in Tuscany (family III; Mediterranean version) who introduced all the changes that distinguish III from II and, of course, from the more independent Spanish *Chronicle*. The variants in III, we may recall, also affect the rest of the Italian versions, the *Filocolo*, the Greek texts, and the Spanish sixteenth-century edition.

It was not until the discovery of the *Crónica de Flores y Blancaflor* that the validity of the stemma as a whole was put into question and heated debates resumed over whether the French versions can be considered the oldest in Europe. It was Grieve who gave the name *Crónica de Flores y Blancaflor* to the version contained in MS. 7583 of the Biblioteca Nacional de Madrid, in order to distinguish it from the otherwise homonymous Spanish printed edition of the sixteenth century.[22] Referring to the Spanish manuscript version as a "chronicle" appears to be correct,

---

[20] Both J. Gómez Pérez, "Leyendas medievales españolas del ciclo carolingio," *Anuario de Filología* (Maracaibo) 2–3 (1963–1964): 7–136, and Grieve, *Floire and Blancheflor*, have argued that a Spanish original makes more historical sense than a French one. For N. Baranda, "Los problemas de la historia medieval de *Flores y Blancaflor*," *Dicenda* 10 (1992): 21–39, the Spanish manuscript derives directly from the aristocratic family alone, although she does not deal with this issue in her edition of the Spanish printed text (*Narrativa*). F. Gómez Redondo, *Historia de la prosa medieval castellana*, 3 vols. (Madrid: Cátedra, 1998) speaks generally of the French influence on MS. 7583, and Correa Rodríguez (*Flores y Blancaflor*) argues that the author of the *Chronicle* must have had access to manuscripts from both the aristocratic and the popular families. Bonilla y San Martín also suspects that the primitive story of the legend had a Hispanic origin. He argued that "the fact that the *chantefable* of *Aucassin and Nicolette* was probably composed in Spain, considering these two legends are so alike, supports a Hispanic origin of *Flores y Blancaflor*": A. Bonilla y San Martín, ed., *La historia de los dos enamorados Flores y Blancaflor* (Madrid: Ruiz Hermanos, 1916), xli.

[21] J. Reinhold, *Floire et Blancheflor: Étude de littérature comparée* (Paris: Larose / Geuthner, 1906); Baranda and Infantes, *Narrativa*; and Grieve, *Floire and Blancheflor*.

[22] Considering the possibility of the existence of a lost version, or "third strain" (postulated by G. Paris) of the legend of Flores and Blancaflor, Grieve has claimed that "the proof of Paris's hypothesis is housed in Madrid's Biblioteca Nacional in the form of an almost perfectly preserved manuscript ... which I call *Crónica de Flores y Blancaflor*" (*Floire and Blancheflor*, 5).

for the story of Flores and Blancaflor is intertwined with chapters that deal with the history of Spain, and the style used by its author—or compiler—parallels the one used in all other historical chronicles of the period. Grieve's denomination seems, then, very appropriate.

In his recent edition of the manuscript, however, F. Bautista has objected to the name *Crónica de Flores y Blancaflor*, claiming that Grieve has invented a name to refer exclusively to the story of the two lovers. The episodes—both historical and fictional—contained in what he calls *Crónica carolingia* (that is, MS. 7583, the *Crónica fragmentaria*), are part of a more complex thread, so that isolating specific stories and, worse, giving them a separate title, seems to Bautista as a "juicio crítico más que discutible".[23] In the same light he criticizes the fact that I adopted Grieve's title for my paleographical transcription of the story (2005), a title that I am adopting once more for this edition. What Bautista obviates is that the name *Crónica de Flores y Blancaflor* is merely a way to tell the medieval Spanish version apart from the Spanish sixteenth-century edition, whether the medieval version dates from the end of the thirteenth century (ca. 1280) or from the end of the fourteenth (ca. 1390). There is no other rationale behind the title—besides the fact that it appears in a chronicle—, and its adoption does not disagree with the fact that, indeed, the stories contained in MS. 7583 (*Flores y Blancaflor*, *Berta*, *Mainete*, and others) are part of the same thematic group.

It is also important to notice that no critical study of the legend—in any of its versions—has ever been complemented with a true apparatus of textual criticism, since work on the subject tends to focus on one specific version and to compare it to its own closest relatives. The task of any philologist attempting such comparative work would be immense. Apart from the relative inaccessibility of some of its manuscript witnesses, the scholar willing to take up such a task would need to be fluent in English, French, German, Greek, Italian, Norwegian, Spanish, and Swedish, both old and modern. This edition does not intend to fill such a gap; rather it aims to supply the scholar with the text of one of the most interesting witnesses of the legend. This version, initially unknown to critics and then ignored by them, has at last emerged as one of the most important in determining *Flores y Blancaflor*'s textual transmission. In Grieve's words, "the attempts to determine the origins and European chronology of the story will remain at an impasse until the Spanish versions, and especially that of the chronicle manuscript, receive due consideration."[24]

---

[23] F. Bautista, *La materia de Francia* (San Millán de la Cogolla: CiLengua, 2008), 122.

[24] P. Grieve, "*Flores y Blancaflor*: Hispanic Transformations of a Romance Theme," *La corónica* 15 (1987): 67–72, here 69.

Origins of the Legend

No matter which European country first put down the story of *Flores y Blancaflor* in writing, the vast majority of critics agrees that the legend originated in the East, in an Oriental or Arabic country, only to be taken later to continental Europe. In 1892, I. Pizzi postulated a possible origin in Persia for the legend,[25] but this theory was soon discredited. Critics also soon dismissed Reinhold's theory (*Floire et Blancheflor*), in which he gave the legend classical referents, for he saw certain similarities between *Flores y Blancaflor* and Apuleius's *Golden Ass*. While some other theories enjoyed greater success, it was the Byzantine origin postulated by du Méril in 1856,[26] and further explored by H. Herzog in 1884,[27] that gave way to the two premises now most widely accepted.[28]

In 1897, J. ten Brink suggested that the legend of *Flores y Blancaflor* could very well descend from an Arabic original.[29] This theory was continued by G. Paris,[30] G. Huet,[31] R. Basset,[32] Johnston,[33] Cacciaglia,[34] and J.-L. Leclanche.[35] For these critics, the legend would have its origin in one of the tales belonging to the *Thousand and One Nights* (*Arabian Nights*), specifically that of "Ni'ma and

---

[25] I. Pizzi, "Le somiglianze e le relazione tra la poesia persiana e la nostra del Medio Evo," *Memorie della Academia delle Scienzi di Torino*, ser. 2, 44 (1892): 265–66.

[26] Du Méril, *Floire et Blanceflor*.

[27] H. Herzog, "Die beiden Sagenkreise von *Florios und Blanchefleur*," *Germania* 39 (1884): 137–228.

[28] Ortolá Salas's suggestion that "the names of our heroes seem to have been translated from Greek" ("La canción popular," 59) goes hand in hand with the assertion of D. Hesseling in *Le roman de Phlorios et Platzia Phlore* (Amsterdam: J. Müller, 1917), 7: "Flores would correspond to Ἄνθος or Λειριόεις, Blancaflor to Λευκάνθινα or Λειρώδης, Fénice to Φοῖνιξ, etc." A. M. Mussons also remarks on the importance of a Byzantine version, "which could very well be the bridge between the French and the Italian versions": Mussons, "*Flores y Blancaflor* en la literatura castellana," in *Actas del II Congreso Internacional de la Asociación Hispánica de Literatura Medieval* (Alcalá de Henares: University of Alcalá de Henares, 1992), 2: 569–85, here 573.

[29] J. ten Brink, *Geschiedenis der nederlandschen letterkunde* (Amsterdam: Uitgeversmaatschappij "Elsevirer," 1897).

[30] G. Paris, "Les contes orientaux dans la littérature française," *Revue politique et littéraire* 15 (1875): 1010–17.

[31] G. Huet, "Sur l'origine de *Floire et Blanchefleur*," *Romania* 28 (1899): 348–59.

[32] R. Basset, "Les sources arabes de *Floire et Blanchefleur*," *Revue des Traditions Populaires* 22 (1907): 241–45.

[33] Johnston, "Origin of the Legend."

[34] Cacciaglia, "Appunti."

[35] J.-L. Leclanche, "Contribution á l'étude de la transmission des plus anciennes oeuvres romanesques françaises. Un cas privilégié: *Floire et Blanchefleur*" (Ph.D. Diss., University of Paris, 1977) (Lille: Lille University, 1980).

Nu'am" [Nima and Num], with which *Flores y Blancaflor* has striking similarities. It has been difficult to identify this narrative, which is included inside another tale, "The Adventures of Qamar al-Zaman's Two Sons, Amjad and As'ad," and which is not usually found in most editions of the *Arabian Nights*. However, since the plot of this story is so alike ours, we believe it deserves a special mention:

> O Commander of the Faithful! There lived in the city of Kufa a young man called Ni'ma ibn-al-Rabi', and he had a slave-girl whom he loved and who loved him. They had been brought up together in the same cradle, and when they reached puberty, they fell in love with each other, but life dealt them with misfortunes and treated them unfairly and decreed their separation. For some schemers tricked her out of the house and stole her from him, and the man who stole her sold her to a king for ten thousand dinars. The girl loved her master as much as he loved her. So he left his home and family and journeyed in search of her. He tried to find a way to get to her, devoting his whole being and risking his life, until he finally succeeded. But no sooner had they sat together, than in came the king who had bought her from the man who stole her, and he hastily ordered that they be put to death, without granting them the opportunity for a fair trial.[36]

As of today, this hypothesis has more support than any other, although criticism postulating a Spanish original has, since the discovery of the *Chronicle*, begun to gain more and more credence. Indeed, Spain was the first country which the critics thought of when trying to establish the origin of the legend. This theory, postulated by P. Paris as early as 1833,[37] found its continuation in the works of J. Wehrle[38] and Bonilla y San Martín[39] before MS. 7583 came to light. After that, J. Gómez Pérez postulated the Spanish origin on new grounds,[40] and his work was continued by V. Marcelo[41] and Grieve.[42] Although Baranda and Infantes have not argued in favor of any specific origin, they have stated that "if we admit an Arabic original, then we must think of Spain as the country which spread

---

[36] H. Haddawy, ed. and trans., *The Arabian Nights* (New York: Norton, 1995), 2: 260–61.

[37] P. Paris, ed., *Romancero françois*.

[38] J. Wehrle, *Blume und Weissblume: eine Dichtung des Dreizehnten Jahrhunderts* (Freiburg: J: Dilger, 1856).

[39] Bonilla y San Martín, *La historia*.

[40] J. Gómez Pérez, "Elaboración de la *Primera crónica general de España* y su transmisión manuscrita," *Scriptorium* 17 (1963): 233–76. See also J. Gómez Pérez, "Leyendas carolingias en España," *Anuario de Filología* 4 (1964–1965): 121–48; and J. Gómez Pérez, "Leyendas del ciclo carolingio en España," *Revista de Literatura* 28 (1965): 5–18.

[41] M. Valero, "*Flores y Blancaflor*: origen, valor y difusión temática" (Ph.D. Diss., Universidad Complutense de Madrid, 1975).

[42] Grieve, "*Flores y Blancaflor*", and Grieve, *Floire and Blancheflor*.

the legend to Europe, so that the thesis of P. Paris, and especially Bonilla y San Martín, gains in credibility."[43]

The problem, then, switched from which country was the first to conceive of the legend to which was the first to receive that "proto-legend"—whatever its source—and to spread it throughout Europe in written (or oral) form. The main and most recent division is between those who argue for the supremacy of the French versions—as we have seen—and those who argue in favor of Spain. Favoring the French claims, J.-L. Leclanche has very recently published a re-edition of the aristocratic French version in which he makes a crucial statement, attributing the authorship of the legend to the French troubadour Robert D'Orbigny.[44] Leclanche bases his claim on the fact that Konrad Fleck's version of the story affirms that the author of the original French poem is, in German, a troubadour named Ruoprecht von Orbênt. What Leclanche does to obtain the name of the poem's *real* author, then, is to render the German name into French, arriving at Robert d'Orbigny.[45]

On the other hand, the strongest claims for the predominance of the Spanish *Chronicle* over the French witnesses were those made by Gómez Pérez, the man who first discovered it. According to this scholar,

> As Spain is the main scenario of the legend [and] the characters and customs are Christian and Arabic . . . all these characteristics confirm the opinion of the critics who assign a Spanish-Arabic origin to the legend, and allow us to consider the recently discovered Spanish text [MS. 7583] as the closest version to the original.[46]

Grieve has no doubts regarding the supremacy of the Spanish *Chronicle*. For her, "the *Chronicle* represents a heretofore unknown witness of the 'third strain'," and the French and Middle English tales could "represent re-workings of the legend in which the religious aspects are played down, modified somewhat, but never completely eliminated."[47]

---

[43] Baranda and Infantes, *Narrativa*, 22.

[44] J.-L. Leclanche, ed., *Le conte de Floire et Blanchefleur: Nouvelle édition critique du texte du manuscrit A* (Paris : Champion, 2003).

[45] Leclanche states that "this allows us to render the name of *Ruoprecht von Orbênt*—who is, according to Conrad Fleck, that of the author of the original French poem—into a French form: *Robert d'Orbigny*" (*Le conte de Floire et Blanchefleur: Nouvelle édition*, xv). It seems, however, that the only valid evidence to support this claim is the fact that Fleck has produced the name "Ruoprecht von Orbênt," for which Leclanche renders the French form. No other data support Leclanche's assertion.

[46] Gómez Pérez, "Leyendas del ciclo," 12.

[47] Grieve, *Floire and Blancheflor*, 94. One of the links of the legend with Spain seems, however, not very well founded. According to Grieve (*Floire and Blancheflor*, 34) the names of Flores and Blancaflor could correspond to those of Fernando, son of King

The question of whether the *Chronicle* took on a French version and elaborated it in a more complicated prose, or whether the French version was based on the Spanish "proto-legend" and modified or eliminated certain passages, is an interesting one. Both hypotheses, the *amplificatio* of the text or the progressive simplification of its details, are hard to explain. Why would a French troubadour take the Spanish legend and modify it to such a great extent? Although the adjustment of certain aspects of the story is acceptable, the overwhelming simplification of the narrative's main feature—the conversion of Spain—is not. On the contrary, a Spanish author would find it very difficult to elaborate such a complex nationalistic prose work from either one of the extant French versions or their immediate predecessors. This, however, seems to be the hypothesis of a large number of Hispanists.

For P. Correa Rodríguez, the Spanish *Chronicle* descends from both the aristocratic and the popular French families. The compiler worked first on a manuscript from family I, which strongly resembled MS. B, and then found a manuscript of II from which he took the name of "Aumerie," converting it to Spanish "Almería."[48] The original legend of *Flores y Blancaflor*, then, was strongly hispanized at two different times: first with its original translation into Spanish, and second when it was adapted to fit naturally into the history of Spain during the eighth century. According to Correa Rodríguez, two manuscripts entered the peninsula at the middle of the thirteenth century, one belonging to the aristocratic family and the other to the popular. From this last manuscript the Spanish compiler took the name of "Almería" and Flores's brave spirit. However, he disregarded the fight between the seneschal and Diógenes present in the popular version and re-elaborated the fight with Jonás de Handres and, presumably, the return of the heroes, since the popular manuscript is incomplete.[49]

Correa Rodríguez, then, does not argue for a hybrid version of the two French families, which he clearly states never existed, but of the coincidence in time and space of two French manuscripts of a different family. This coincidence is hard enough to believe on its own, and we must also keep in mind that Baranda had strongly argued against the possibility of proving a link between the Spanish *Chronicle* and the French popular family.[50] The only variant shared between

---

Alfonso X, and Princess Blanche (Sp. *Blanca*). However, the fact that we have references to Flores and Blancaflor in Spanish medieval literature as early as 1170, and the symbolism of their names, make this hypothesis quite unnecessary. Every version of the legend asserts that the names of the heroes come from the fact that they were born on the symbolic day of Palm Sunday, associated with the "day of the flowers," and besides, while *Blancaflor* could appropriately refer to *Blanca*, the names of *Flores* and *Fernando* have little in common apart from the initial *F*.

[48] Correa Rodríguez, *Flores y Blancaflor*, 51–52.
[49] Correa Rodríguez, *Flores y Blancaflor*, 170.
[50] Baranda, "Los problemas."

both of them is the connection of "Aumerie" with "Almería." With the exception of this link, which may also be strongly questioned, the texts do not agree in any other aspect whatsoever. There is also not enough evidence to claim that the supposed popular ancestor of the Spanish *Chronicle* (related to MS. D of the National Library of France) also lacked the final episodes.[51]

The Spanish Medieval Witnesses

Until the second half of the twentieth century, the only Spanish edition of *Flores y Blancaflor* known to the public was the one printed in Alcalá in 1512 by Arnao Guillén de Brocar.[52] Editions of the *Historia de los dos enamorados Flores y Blancaflor* were printed in large numbers by the Spanish presses, marking the beginning of an intricate printing history from the sixteenth to the twentieth century.[53] Critical studies of the legend did not appear until the second half of the nineteenth century, but scholars soon noticed that the text contained in the Spanish printed editions did not seem to be original. The *Historia de los dos enamorados* was highly contaminated by its Italian counterparts, which also stemmed

---

[51] Bonilla y San Martín, who did not know of the existence of the Spanish *Chronicle*, had claimed that the description contained in the *Gran conquista de Ultramar* (*GCU*) came from the popular French version (*La historia*, lvii). Now we know that the description in the *GCU* corresponds to the story narrated in the *Chronicle* of MS. 7583. Assuming that the Spanish *Chronicle* descends from the French aristocratic family, we must also face problems regarding its selective amplification of events. When discussing the descriptions found in the *Chronicle*, for example, Correa Rodríguez argues that "our story does not allude to the garden, describes the tower in very few lines, and gives an image of Babylon which does not parallel those in the French originals" (*Flores y Blancaflor*, 87). However, when describing the island where the heroes are shipwrecked, the description seems elaborate enough to him. Correa Rodríguez's conclusion, that the Spanish text "sometimes amplifies details and sometimes it abbreviates" (*Flores y Blancaflor*, 201), can hardly prove the *Chronicle*'s affiliation with any other manuscript.

[52] This edition is lost today, but we know of its existence by the descriptions in J. C. Brunet, *Manuel du libraire et de l'amateur de livres* (Paris: Firmin Didot, 1865), and B. J. Gallardo, *Ensayo de una biblioteca española de libros raros y curiosos* (Madrid: Gredos, 1969).

[53] An exhaustive list of editions is given in Baranda and Infantes, *Narrativa*, 27–28, 48: Alcalá (1512); Seville (ca. 1524 or 1530); Seville (ca. 1532); Burgos (1562); Burgos (1564); Alcalá (1604); Seville (1676); Seville (1691); Ed. of 1700; Madrid (1704); Córdoba (ca. 1750); Madrid (ca. 1751); Valencia (1762); Córdoba (ca. 1794); Madrid (1813); Córdoba (ca. 1826); Manresa (1840); Madrid (1846); Seville (1848); Madrid (1858); Barcelona (ca. 1865); Madrid (1877); Madrid-Barcelona (ca. 1879); Madrid (1884); Madrid (ca. 1874–1885); and an edition in verse, Barcelona (ca. 1867). For a more detailed list of editions see Bonilla y San Martín, *La historia*, 203–16; Correa Rodríguez, *Flores y Blancaflor*, 243–46; or the list of editions in the Bibliography.

directly from one of the main (and oldest) French manuscripts. Its plot and style were dull, and its concluding chapter—in which Spain converts to Christianity—did not seem to underscore the importance that this topic had had in the years when Spain struggled to gain back its territory from the Muslims.[54] Moreover, Spanish medieval literature had abundant examples that suggested that the Iberian Peninsula had known a version of *Flores y Blancaflor* many centuries before the appearance of the one printed in Alcalá.

The first known reference to Flores and Blancaflor in Spain is found in Catalonia, in Guiraldo [Guerau] de Cabrera's *Ensenhamen*, which is dated ca. 1170 or, according to I. Cluzel, even earlier, in 1150.[55] This text is the best evidence of the popularity of the story in the Middle Ages, since Guiraldo is, in fact, complaining to his troubadour, who is so ignorant that he is not familiar with famous pairs of classical lovers, including Flores and Blancaflor:

ni sabs d'Ytis
ni de Biblis,
ni de Caumus niulla faisson;
de Piramus
qui for lo murs
sofri per Tibes passion;
ni de Paris
ni de Floris,
ni de Bell'Aia d'Avignon.

Catalonia, clearly because it has always served as a cultural bridge between Spain and France, has preserved numerous references to this legend in its literature. In addition to the *Ensenhamen* we find a reference in Guillem de Toroella's *Faula*, included in the *Cançoner dels Comtes d'Urgell* (late thirteenth c.);[56] another in the

---

[54] According to Gómez Pérez, "Leyendas del ciclo," 11, the Spanish printed edition tends to be "banal, and not very poetic." For him, the text's final episodes in which the lovers save their lives and Spain converts to Christianity are dull, and raise serious questions about the originality of the story itself. Bonilla y San Martín had already claimed that the final episodes in the two French families, the Italian *cantare*, the *Filocolo* and the Spanish printed edition "are very strange and lack all technical ability" (*La historia*, xxxvii).

[55] I. Cluzel, "A propos de l'*Ensenhamen* du troubador catalan Gerau de Cabrera," *Boletín de la Real Academia de Buenas Letras de Barcelona* 26 (1954–1956): 87–93. Both Mussons ("*Flores y Blancaflor*," 572) and Baranda ("Los problemas," 21) accept this date as valid.

[56] "De Floris e de Blancaflor / d'Isolda la bronda e de Tristan, / qui per amor s'ameron tan; / de Tiubes e de Piramús / de Serena e d'Ellidús, / de París ab qual geny conquès / Elena, que dins Troya mès."

fifteenth-century novel *Curial e Güelfa*;[57] and yet another list in Joanot Martorel's *Tirant lo Blanc*.[58]

Medieval Galician and Portuguese literature contains an early reference in the writings of Michaëlis de Vasconcellos (1245), and two in the *Cancioneiro portuguez da Vaticana*.[59] In Castilian literature there are two references in Micer Francisco Imperial's *Cancionero de Baena*,[60] although the best-known reference is perhaps an earlier one, included in verse 1703 (*Cántica de los clérigos de Talavera*) of Juan Ruiz's popular *Libro de buen amor* (ca. 1330–1343):

> Ca nunca fue tan leal Blanca Flor a Flores,
> nin es agora Tristan con todos sus amores

The problem with all these references is that they are just mere lists of lovers in which the names of Flores and Blancaflor are included, and while they do attest to the popularity of the legend as early as 1150–1170, there is no way of knowing to which version of the legend they allude. Did Guiraldo, writing in Catalonia, learn about Flores and Blancaflor from a Spanish version of the story? Or did he rather listen to the French proto-fable which Ortolá Salas dates ca. 1160? For Baranda, at least, this would be the case, since considering the early reference to Flores in the *Ensenhamen* she pushes back the date of the original versification of the French *Flores y Blancaflor* to 1147.[61] There is no way of knowing for certain, but this second option seems more appropriate.

---

[57] "Aquí virats Tisbes e Piramus ferse meravellosa festa; Flors e Blancaflor, Tristany e Ysolda, Lançalot e Genebra, Frondino e Brisona, Amadis e Vriana, Phedra e Ypolit, Achiles, tot sol, menaçant son fill Pirro, Troyol e Briseida, Paris e Viana."

[58] "De Floris e de Blanxesflors, de Tisbe e de Piramus, d'Eneas e de Dido, de Tristany e d'Isolda, e de la reina Ginebra e de Lançalot."

[59] In the first one (no. 115), King Dom Diniz tells his lady "ssey de Branchafrol, / que lhi non ouve Flores tal amor, / qual vos eu ey / . . . / Tristam sei bem que non amou Iseu." In the second (no. 358) Joham de Guilhade writes "Os grandes nossos amores / que mi e vós sempr'ouvemos, / nunca lhi cima fezemos / com'a Brancafrol e Flores."

[60] Although the *Cancionero* was put together ca. 1445, the first reference (no. 226) was composed ca. 1405: "todos los amores que ovieron Achiles / París e Tróyolos de las sus señores, / Tristán, Lançarote, . . . / que los de Paris e los de Viana, / e de Amadís e los de Orïana, / e que los de Blancaflor e Flores." The second one (no. 249) is dedicated to the king's son, Fernando: "e otrosí de Tristán, / que feneció por amores; / de Amadís e Blancaflores, / e del lindo Apialadoro."

[61] See Ortolá Salas, "La canción," 58. Baranda, "Los problemas," 21, bases her conclusions on the fact that Flores and Blancaflor are mentioned by Guiraldo de Cabrera in the *Ensenhamen* (ca. 1150) and hypothesizes that the French original must have been composed ca. 1147–1150, although those arguing for the Spanish origin of the legend will use this example to prove that the legend was known in Spain around that time.

There are, however, two Spanish texts that must be carefully analyzed, for the details contained within their narrative were the only proof that there existed an older and different version of *Flores y Blancaflor* than the one printed in Alcalá in 1512. These texts are the *Gran conquista de Ultramar* (*GCU*), composed ca. 1300,[62] and the summary included in L. García de Salazar's *Las bienandanzas y fortunas* (1471–1475). Since the details given here did not coincide with any known version of the story, these texts were directly responsible for G. Paris's theory—at the end of the nineteenth century—of the existence of a lost version, or third strain, of *Flores y Blancaflor*.

Although the *GCU* is older, it is necessary to begin our analysis with Salazar's text. In his summary of the story we are presented with a version in which an Arab ruler of Spain travels to France and captures a countess and her daughter, who is half a year old. The Arab, who is the king of Almería, returns to his land and learns that his wife has had a son. Since the countess has also had a daughter recently, he entrusts the upbringing of his son to her, knowing that she has "good milk" to feed the children. The boy and the girl (Flores and Blancaflor) spend so much time together that they inevitably fall in love, which displeases the king. Therefore, following the queen's death, the king sells Blancaflor to a band of merchants who take her to the sultan of Babylon. Flores leaves the court to seek Blancaflor, and becomes a servant of the sultan. When Flores learns that Blancaflor is kept in a tower with other maidens, and that the sultan plans to marry her, he places himself in a basket of flowers and is taken up into the tower. When Blancaflor finds her lover in the basket she screams, and they both faint. The sultan discovers them in the tower, but after Flores explains his situation they are pardoned. The lovers go back to Spain, where they inherit the kingdom of Almería and have a daughter named Berta who will eventually marry the French king Pepin the Short.

The description given by Salazar, although extensive, is crucial to determining the antecedents of the *Chronicle* version:

> Fállase que en el tienpo que los moros tenjan conquistado lo más de España que ovo vn Rey moro en Almería que era poderoso e noble ome de su ley, e siendo mancebo fizo grande armada. E guerreando a christianos allegó en Proencia, que era de christianos; e oviendo vatalla con los christianos venciolos, e mató al Conde de Proencia e catibó a su muger la Condesa con vna fija de medio año que llamaban Blancaflor; e eran solas en Almería con otros muchos catibos. E como allegó a su casa pariole luego la Reyna su muger un fijo, e commo non avía otro, preciándolo mucho diolo a criar aquella Condesa de Proencia que tenja buena teta, diziendo que la leche de la christiana era mejor que la de los moros. Lo qual la Condesa ovo a buena dicha e criolo a su teta. E porque no quiso que su fija Blancaflor mamase

---

[62] For this date, see Gómez Pérez, "Leyendas del ciclo," 8; or Gómez Redondo, *Historia*, 2: 1584.

teta de mora criábala con leche de cabras e dábale la su teta de callada cuando podía. E criándose en vno tomó tal amor aquel fijo del Rey con aquella Blancaflor que no lo podían quitar della. E moriendo su madre, pesando al Rey de aquel amor fízola levar a vender a Verbería, e dixo a su fijo que era ya omme, que se moriera; el qual tomó tal dolor que dixo que jamás abría bien fasta la viese muerta o viba. E abrió la sepoltura que le mostraron e non la fallando, ovo de saber commo era vendida a Verbería. E fuese callando desconocido e falló cómo la avían conprado e leuado al Soldán de Vavilonja. E llegando allá fízose serbiente del Soldán. E como era noble a maravilla era preciado en casa, e sopo cómo Blancaflor estaba en vna alta torre con donzellas que la guardaban por quel Soldán quería casar con ella porque era la más fermosa donzella de XVJ años e más enseñada del mundo e la amaba el Enperador más que a sí. Cató manera aquel fijo del Rey que se llamaba Flores que otro nombre nunca le podieron hazer tomar su padre e madre, por amor de aquella Blancaflor, e púsose en vn cesto que sobían Rosas en vn torno a la torre cobriéndose dellas ca non dexaban sobir persona arriba donde ella estaba, ca otro día avía de fazer vodas con ella. E como ella lo vio en la cámara tan grande fue el alegría que ovo que dio vn grito que fue oydo del palacio por el Soldán. E abraçándose con él cayeron anbos en el suelo sin sentido. E llorando sus donzellas que por guarda tenjan cuydando que eran muertos, sobrevino el Soldán, e maravillándose de aquel fecho fízolos tornar en su sentido. Como Flores era esforçado e generoso, mostrando su coraçón dixo: "Señor, pues Dios te puso justicia en la tierra, fazla en ti." E Recontole todo el fecho e cómo era christiano encubierto por amor de aquella donzella christiana e que le deuja dar su muger, ca non vna muerte más, y tomaría por su Saluador Ihesu Christo e por ella. El Soldán oyó tal fecho e omne mancebo ponerse a tal trabaxo e peligro, e por que lo ayudó Dios, con él diole su muger con mucha riqueza. Loandolo mucho e vínose con ella a Almería, que falló muerto su padre e madre e fue recebido por rey moro, pero súpose traer en manera que a todos los suyos fizo christianos. E fueron los mexores casados e enamorados del mundo todo, segund más largamente se fabla en su ystoria, e ovieron fija a esta Genta Alberca que casó con el Rey Pepino.[63]

---

[63] L. García de Salazar, *Las bienandanzas y fortunas*, ed. Á Rodríguez Herrero (Bilbao: Diputación de Vizcaya, 1967), 9: 153–54: "We read that, in the time when the Moors had conquered most of Spain, there was a Moorish king in Almería, a powerful, noble, and religious king. When he was young he took part in many wars, and fighting against the Christians he reached as far as Provence, a Christian land, and he was victorious against the Christians, killing the count of Provence and capturing his wife, the countess, with her daughter Blancaflor, who was half a year old. And mother and daughter were alone in Almería with many other captives. And when this king arrived at his house, the queen, his wife, had given birth to a son, and the king was very fond of him because he did not have another child. Therefore he gave his son to the countess so that she could raise him, since she had good milk, claiming that the Christians' milk was better than that of the Moors. The countess agreed to this and fed the boy, and because she

Salazar's text describes certain details that are not shared by any other extant version of the legend. Although some of these details were later considered meaningless variations from the original storyline, the vast majority of them suggest that Salazar's narrative was dependent upon a popular medieval version of the story [MS. *segund mas largamente se fabla en su ystoria* (as their story more amply relates)] that subsequently went missing. While Correa Rodríguez attributes Salazar's unique description to his familiarity with a shorter version of the legend,[64] it is my contention that Salazar's variations simply derive from his reliance on memory to retell the story in the absence of a printed copy. Salazar is unique in making Blancaflor half a year older than Flores, for in all other versions the two lovers are born on the same very significant day (Palm Sunday). This is such a crucial detail in the narrative that it is hard to believe Salazar did not remember

did not want her daughter Blancaflor to be breastfed by Moors, she gave her the milk of some goats, and also hers when she could, but secretly. Since the children were raised as one, the son of the king loved Blancaflor very much, so much that nobody could keep them apart. But when the queen died, the king was weary of his son's love for Blancaflor, so he sold her to the Moors and told his son—who was already a man—that she had died. The boy was so hurt that he claimed that his pain would never be eased until he saw her, dead or alive. But when he opened the tomb that they showed to him and did not find Blancaflor, he gathered that she had been sold to the Moors. He escaped secretly and found out how she had been bought by the Sultan of Babylon. When he got there he became the sultan's servant. And since he was a noble man they were very fond of him, and he soon knew how Blancaflor was kept in a tower with other maidens that took care of her because the sultan wanted to marry her, since she was the most beautiful and intelligent sixteen-year-old girl, and the emperor loved her more than his own life. Then the son of the king, called Flores because of his love for Blancaflor (nobody could convince him to go by any other name), placed himself in a basket in which roses were taken up to the tower. He covered himself with the roses in order not to be seen, since no person was allowed in the tower, for the next morning she was going to be married. And when she saw him in her chamber she screamed, for she was very happy, but the sultan heard her. And hugging each other they fainted. The maidens cried because they thought they were dead, and the sultan came, and wondering about this he had them come back to consciousness. Since Flores was true and generous, he said to the sultan, speaking his heart: 'My lord, since God put justice in this earth, do as He did.' And he told him all about himself: how, for the love of Blancaflor, he had secretly converted to Christianity, and how the sultan should give him back his wife instead of killing him again, although he would die for his Savior Jesus Christ and for her. The sultan heard such a story, and saw the perils that such a young man had faced for her that, with the help of God, gave him his wife and many riches. Thanking the sultan he returned with her to Almería, where he found that his father and mother had died, and was greeted as a Moorish king. But he behaved in such a way that he managed to convert all the kingdom to Christianity. These were the happiest lovers, and husband and wife, of the world, as their story tells at length, and they had a daughter called Genta Alberca, who was married to King Pepin."

[64] Correa Rodríguez, *Flores y Blancaflor*, 498.

it, but it is even harder to believe that it was missing from the "shorter version" postulated by Correa Rodríguez. Perhaps the fact that Blancaflor was captured with her mother as a baby makes her connection to Christianity stronger, as opposed to the other versions, in which she is normally *born* at the Muslim court. Furthermore, the description given in *Las bienandanzas* differs from the *Chronicle* in that the queen of Almería dies before Blancaflor is taken to Babylon. Surely Salazar remembered the queen's sympathy for Blancaflor, and thought she must have been dead when the king sold her to the merchants. In all other respects, however, Salazar's description is identical to the *Chronicle*.

The second example deserves similar scrutiny. Until 1918, the only proof of the existence of the legend in medieval Spain were Salazar's account, and a brief description found in the *GCU*. However, of all the possible versions of this text, only the 1503 Salamanca edition contains specific references to the heroes:

> E esta Berta fue hija de Blancaflor e de Flores, que era rey de Almeria, la de España, e conquerio muy gran tierra en Africa e en España por su bondad, segun su historia lo cuenta, e libro al rey de Babiloña de mano de sus enemigos, cuando le dio a Blancaflor por mujer, por juicio de su corte, donde estos amos fueron los mucho enamorados de que ya oistes hablar. E despues que tornaron en su tierra no hobieron otro hijo ni hija sino a Berta.[65]

The details given in the *GCU* strongly suggest that the Spanish printed version of the sixteenth century was not the same one known in Spain during the Middle Ages. In the *GCU*, for example, Flores is made king of Almería, he conquers lands in Africa and Spain, he frees the king of Babylon from his enemies, he recovers Blancaflor after a trial in the court of Babylon, and their only heir is a daughter named Berta. All these details make the Spanish text incompatible with any of the other extant versions. Notice, also, how the manuscript mentions the fact that the story was well-known in Spain [MS. *de que ya oistes hablar* (of which you have already heard)], further proof of its established popularity among readers.

In 1918 another discovery was made that underscored the importance of the Spanish manuscript version. J. González del Río brought to light a new manuscript of the *GCU* (MS. B. N. Madrid 1920) that contained a similar description of *Flores y Blancaflor*. This description, however, differed from the Salamanca edition in one detail to which criticism has paid much attention:

---

[65] *La gran conquista de Ultramar*, ed., P. de Gayangos, BAE 44 (Madrid: Hernando, 1926), 175: "This Berta was the daughter of Blancaflor and Flores, who was king of Almería, in Spain. Flores, thanks to his virtue, conquered many lands in Africa and Spain, as his story tells, and freed the king of Babylon from his enemies, when, after a trial in his court, the king gave him Blancaflor for a wife, for these two were the true lovers of whom you have already heard. And after they came back to their land they had no other child besides Berta."

E esta Alberta fue hija de Blancaflor e de Flores, que era rey de Almeria la de España e conquisto muy grant tierra por su bondat en Africa e en España, segunt lo cuenta en la su estoria, e libro al rey de Babilonia de mano de sus enemigos quandol dio a Blancaflor por muger por juyzio de su corte, ally do el querie fazer justiçia dellos *por que los fallara en vno dentro en su torre*; onde estos amos fueron los mucho enamorados de que oystes fablar. E despues que tornaron en su tierra non ouieron otro fijo nin otra fija sinon Alberta, que fue casada con el Rey Pepino en Françia. (emphasis mine)[66]

The summary is identical to the other one, except that it mentions the fact that the sultan found Flores and Blancaflor inside his tower. Although *Flores y Blancaflor* criticism has often emphasized this detail, in my opinion it adds nothing to identify the version to which this text is referring, since the episode of the tower is present in every possible version of the story. The rest of the details given in this short paragraph, however, leave no doubt that the text to which the *GCU* is alluding is the Spanish *Chronicle*. What the references in the *GCU* tell us, then, is that this version of the story must have been composed no later than the last decades of the thirteenth century, although we must give due consideration to F. Bautista's recent claim that the summary contained in the *GCU* is an interpolation dating from the fourteenth century.

Scholars have argued that three of the details supplied by the texts we have discussed are crucial: the setting of the court in Almería, the relationship of Flores to the king of Babylon, and the presence of a daughter named Berta. In my opinion, however, two of the details provided by Salazar are also of great importance to establish the connection between his description and the *Chronicle* text. First of all, Flores is fed the "Christian milk" of the countess as a child, something that would make his conversion to Christianity later on in the story seem much more natural than in the other versions. Second, when Flores returns to Almería with Blancaflor, he is thought of as a king who will profess the religion of his father [MS. *recebido por rey moro* (greeted as Moorish king)], but he manages to hide his true faith until he is sure that Spain will convert with him to Christianity [MS. *pero supose traer en manera que a todos los suyos fizo christianos*].

---

[66] Gómez Pérez, "Leyendas carolingias," 121–48: "This Alberta was the daughter of Blancaflor and Flores, who was the king of Almería, in Spain. Flores, thanks to his virtue, conquered many lands in Africa and in Spain, as his story tells, and freed the king of Babylon from his enemies, when, after a trial in his court, he gave him Blancaflor for a wife. In his court he wanted to judge them *because he found them together inside his tower*. These were the true lovers of whom you have already heard. And after they came back to their land they had no other child besides Alberta, who was married to King Pepin in France" (emphasis mine).

These two statements may very well sum up two of the most important and exclusive passages of the *Chronicle*.[67]

In any case, one final text deserves special attention as to *Flores y Blancaflor*. As far as I know, no critical study of the legend knows of it, but I feel that it is of the utmost importance for the analysis of the Spanish witnesses of the legend. If we recall the beginning of the French aristocratic version, we will see that the French poem already makes a connection between *Flores y Blancaflor*, Berta (*Berthe aux grands pieds*), and *Mainete*:[68]

> Oyez, signor, tout li amant,
> Cil qui d'amors se vont penant,
> Li chevalier et les puceles,
> Li damoisel, les demoiseles :
> Se mon conte volez entendre,
> Moult i porrez d'amors apprendre.
> Cou est dou roi Floire l'enfant
> Et de Blanceflor la vaillant,
> De qui Berte as-grans piés fu née ;
> Puis fu en France coronnée.
> Berte fu mere Charlemaine,
> Qui puis tint en France et le Maine

In Spain, then, there is a reference in the *Liber regum* or *Cronicón villarense*, composed in Navarre ca. 1200, that tells us that, at least one or two centuries before its insertion in the Alfonsine chronicle, Spain knew a version of the story in which the three legends were already linked. As in the text presented in this edition, and the oldest of the French poems, the *Liber regum* already makes the two lovers the parents of Berta and the grandparents of Mainete:

> El rei Carle Marthel ovo fillo a Pepín lo Petit. Est rei Pepín lo Petit priso muller la reina Bertha con los grandes pedes, qui fo filla de Floris e de Blancha Flor, et ovo en ela fillo a Charle Mayne.[69]

What is interesting about this text is not only its early date of composition, but the fact that Flores and Blancaflor are mentioned here for the first time as real — and

---

[67] See also L. Shutters, "Christian Love or Pagan Transgression? Marriage and Conversion in *Floire et Blancheflor*," in *Discourses on Love, Marriage, and Transgression in Medieval and Early Modern Literature*, ed. A. Classen, MRTS 278 (Tempe, AZ: ACMRS, 2004), 85–108.

[68] *Mainete* refers to young Charlemagne..

[69] *Liber regum (Cronicón villarense)*, ed., L. Cooper (Zaragoza: Archivo de Filología Aragonesa, 1960), 39: "And king Charles Martel [the Hammer] was the father of Pepin the Short. This king Pepin the Short married Queen Berthe of the Big Feet, who was the daughter of Floris and Blanchefleur, and with her he had Charlemagne as son."

not fictional—characters, whom the compiler of the *Liber regum* (mis)took as the real grandparents of Charlemagne. There is no reason, then, to discuss why the Alfonsine *Estoria de España* decided to make Flores and Blancaflor the grandparents of Charlemagne. Thanks to the reference in the *Liber regum* we know that Spanish historiography had already done so at the dawn of the twelfth century.

The Spanish *Chronicle*

Already at the beginning of the nineteenth century, thinking that the Spanish original version of *Flores y Blancaflor* was lost, D. Clemencín had argued that "if this original version were to be found, the acquisition would be extremely important for shedding light on the history of the Spanish language."[70] To Clemencín, this lost narrative would be as important as the poetry of Gonzalo de Berceo, the *Libro de Alexandre*, or the *Poema de mio Cid*. It was not until 1963, however, that Gómez Pérez, working on the *Estoria de España* with R. Menéndez Pidal, discovered that MS. 7583 of the Biblioteca Nacional de Madrid—a manuscript that Menéndez Pidal had discarded for his edition—contained an unknown version of the legend of *Flores y Blancaflor*. Moreover, this version proved to be the only extant example of G. Paris's lost "third strain," postulated eighty years before its supposed discovery, and a comparison of the description in the *GCU* with the story contained in MS. 7583 showed that the *Chronicle* was indeed the version of the story known throughout the Spanish Middle Ages.

On the one hand, MS. 7583 contained a version of the narrative that was already linked with the stories of *Berta* and *Mainete*, as the descriptions in Salazar and the *GCU* suggested. This had not always been so, for the legends of Flores and Blancaflor, *Berthe aux grands pieds*, and young Charlemagne had had a separate origin. Although the connection was made as early as 1200, from the reference in the *Liber regum*, it is true that the compilers of the Alfonsine *Estoria de España* must have found it interesting. The determination of King Alfonso X (1221–1284) to become Holy Roman Emperor could have played an important part when establishing connections between these two monarchies, whether the manuscript was compiled during his time or a century later.

The remaining European versions of *Flores y Blancaflor*, including the one printed in Spain in the sixteenth century, offer different offspring for the heroes—none relating to Charlemagne—but, curiously, they do fulfill Alfonso's dream. In all the Mediterranean versions Flores and Blancaflor become kings of Spain, and later emperors of Rome, a title that the real Castilian monarch never attained. While the primitive text of the *Chronicle* establishes the right of the Spanish monarchs to this title by making Charlemagne a descendant of Spanish

---

[70] D. Clemencín, *Biblioteca de libros de caballería*, ed. J. Givanel Mas (Barcelona: Juan Sedó Peris-Mencheta, 1942), 87.

noble blood (albeit Moorish), the latter Mediterranean versions give this privilege directly to Flores and Blancaflor.[71] The first Spanish edition of the story—which belongs to the Mediterranean family—was printed in 1512 with the title *La historia de los dos enamorados Flores y Blancaflor, rey y reyna de España y emperadores de Roma*. Because the title of the story already specifies that the heroes will become kings of Spain, and ultimately emperors of Rome, this detail seems to have had much more importance than many have assumed.

Although the Spanish medieval version of *Flores y Blancaflor* was discovered more than forty years ago, it was not until 1987 that critics began to notice its existence. Grieve has recognized that "as late as 1979, Roberto Giacone, in offering an overview of the then-current state of Floire and Blancheflor criticism, was not only unaware of the Spanish chronicle version [but] did not even award the Spanish prose romance a spot in his schema of known European versions of the legend."[72] One may even go further and note that, as late as 1997, an edition of the Spanish printed text still considered that "the oldest Spanish text known to us is from the beginning of the sixteenth century."[73] That this very important version has passed unnoticed to criticism is due mainly to two factors. The first is that MS. 7583 was, for many years, catalogued in the Biblioteca Nacional de Madrid as MS. Xx (T-233), and still today its catalogue record and title give no clue as to the fact that the manuscript contains, among others, the legends of *Flores y Blancaflor*, *Berta*, and *Mainete*.[74] The second reason has to do with Gómez Pérez, who published his edition of the story in the now extinct *Anuario de Filología* (Universidad del Zulia, Maracaibo, Venezuela) that Grieve has appropriately described as "an obscure journal."[75] Also, the title of his edition—"Leyendas medievales españolas del ciclo carolingio"—does not state that the article is, in fact, an edition of these three legends. Regarding the journal, Baranda and Infantes agree with Grieve when they state that

> Perhaps the strange nature of this journal has contributed to the fact that this version is unknown to foreign scholars . . . this version, because of its importance, is worthy of a very special place inside the critical works on the textual transmission of *Flores y Blancaflor*.[76]

---

[71] In the aristocratic French version Flores and Blancaflor become kings of Hungary, and Boccaccio's *Filocolo* makes them kings of Spain. The popular French version lacks the final episodes, but since all the Mediterranean families presumably derive from it, we could safely argue that the heroes ended up as emperors.

[72] Grieve, "*Flores y Blancaflor*," 68.

[73] S. Calleja, ed., *Flores y Blancaflor: una historia anónima medieval* (Madrid: Miraguano, 1997), vii.

[74] For the catalogue description of the manuscript, see Bibliography.

[75] Grieve, *Floire and Blancheflor*, 23.

[76] Baranda and Infantes, *Narrativa*, 23.

Because of these two reasons, only a very limited number of critical studies have dealt with the chronicle version of the legend. Apart from the works of Gómez Pérez, the first reference to the Spanish text is found in Grieve's article of 1987, which preceded her careful study of the *Chronicle* ten years later. Baranda built on Grieve, publishing an article in 1992, and in 1995 an edition of the Spanish sixteenth-century text with Infantes in which they discussed the *Chronicle*. Gómez Redondo was aware of the existence of this text, from which he quotes in his colossal *Historia de la prosa medieval castellana*. Finally, Correa Rodríguez published an extensive study of the Spanish *Chronicle* in 2002 in which he compares this version of *Flores y Blancaflor* with the other European manuscripts.[77]

The conclusions of these critical studies vary with regard to the affiliation of the manuscript to the more general stemma of the European versions of the legend, but they all agree in discrediting the edition issued in 1964 by Gómez Pérez. According to Grieve:

> Apart from the relative inaccessibility of Gómez Pérez's edition there are three main flaws: he gives no criteria for his edition; he reduces the historical content of the chapters, the information on "Ysca Miramomelin" and Flores's father, "el Rey Fines," presumably because it bears little relation to the actual love story; and, most seriously, he skips lines of the manuscript, sometimes five at a time, and, in other places, simply transcribes words incorrectly.[78]

Grieve goes even further and claims that "this *Chronicle* . . . should have had an impact on *Floire and Blancheflor* criticism, yet it did not. Gómez Pérez published his edition in a relatively obscure journal, failed to give the number of the manuscript, and made no attempt to introduce his finds into the main stream of European criticism,"[79] a critique with which Gómez Redondo, Baranda and Infantes, and myself, agree in full. Thus, the need for a new edition of the text is self-evident.

---

[77] For the references to these critical studies and others published recently (F. Bautista and P. Correa), see Bibliography. Mussons, "*Flores y Blancaflor*," is also aware of the existence of MS. 7583, although she does not consider it as important as the other critics do.

[78] Grieve, "*Flores y Blancaflor*," 69.

[79] Grieve, "*Flores y Blancaflor*," 68.

Manuscript Biblioteca Nacional de Madrid 7583

The manuscript of the *Estoria de España* containing the chronicle version of *Flores y Blancaflor* was compiled in the fifteenth century, but it is generally assumed to be a copy of a thirteenth-century text. Grieve's hypothesis, which derives substantially from the studies of Gómez Pérez,[80] is that the manuscript "dates from the late fourteenth or early fifteenth century, but is a copy of the compilation that dates from the reign of Sancho IV (r. 1284–1295)."[81] Baranda agrees with Gómez Pérez and Grieve, assuming the possibility of an even earlier date (1256) based on the establishment of the Augustinian order mentioned in the manuscript.[82] Correa Rodríguez dates the narrative of *Flores y Blancaflor* between the years 1270 and 1280, and also places the composition of MS. 7583 in the fifteenth century.

If the original manuscript were composed in the last decades of the thirteenth century, the Spanish *Chronicle* text edited here would be, indeed, one of the oldest European sources for the story of *Flores y Blancaflor*. Textual evidence that MS. 7583 is a copy of a previous manuscript can be seen in the story of *Flores y Blancaflor* itself. Let me give but one example: near the end of the narrative the compiler talks about Flores's conquests in the north of Africa, mentioning that he was aided in his fight by Christians living in the city of Morocco. The important detail, however, is that the manuscript states that these Christians are called "farfanes" [MS. *frafanes*], and that when the story of *Flores y Blancaflor* was compiled, they still lived in Morocco [MS. *e avn oy dia los ha y*]. According to the *Real Academia Española* the "farfanes" were Christian families from Spain who went to Morocco in the eighth century and returned to Castile only in 1390. If we take this date to be correct, we have here further proof that the fifteenth-century MS. 7583 is, indeed, a copy of an earlier manuscript. Since by the time that MS. 7583 was put together the "farfanes" had already returned to Spain, the reference to these people living in Morocco at the time of writing could only have been copied from an earlier manuscript.

The dating of the *Crónica de Flores y Blancaflor*, however, is still under much debate. For most scholars there is no doubt that the version edited here corresponds to one of the oldest in Europe that should be dated ca. 1280. As we have seen before, Gómez Pérez's and Grieve's hypothesis is that while the manuscript is from the late fourteenth or early fifteenth century, its original would be from the end of the thirteenth century. Baranda even assumes the possibility of an even earlier date (1256), and Correa not only thinks that this version of the story dates from the end of the thirteenth century, but has also named his recent edition accordingly: *Flores y Blancaflor: Una novela del siglo XIII* [*Flores and Blan-*

---

[80] Gómez Pérez has argued that the three legends of *Flores y Blancaflor*, *Berta*, and *Mainete* must have been written in the thirteenth century ("Leyendas medievales," 17).

[81] Grieve, *Floire and Blancheflor*, 35.

[82] Baranda, "Los problemas," 38.

caflor: A Novel from the Thirteenth Century]. The confusion stems solely from the description contained in the *GCU*, a work that summarizes a version of the story which coincides in full with the *Crónica de Flores y Blancaflor*. If the *GCU* was written ca. 1295, then surely our version must predate this work, for how could it possibly include a summary of a story that had not been composed yet? In the last few years, however, F. Bautista has put forth an interesting theory, according to which the summary included in the *GCU* would be an interpolation from the years 1388–90, precisely the years in which, according to this scholar, MS. 7583 was composed. To put it in his own words:

> [U]n resumen de este ciclo, en el que aparece sólo una breve alusión a Flores y Blancaflor, figura también en la *Gran conquista de Ultramar* (ca. 1293), hecho que ha planteado a su vez numerosos problemas. Como sabemos hoy, toda esta sección de la *Gran conquista* fue interpolada en la obra mucho después de su redacción original desde los materiales preparatorios de la *Crónica carolingia* [MS. 7583] al mismo tiempo que se componía este texto, es decir, hacia 1388–90. Ello significa que la introducción de este ciclo en Castilla se produjo en esos años y está ligada indisociablemente a la creación de la propia *Crónica carolingia*, de manera que al proyecto de la crónica se debe el esfuerzo de traducción y adaptación de las leyendas. Quiere ello decir también que hasta estas fechas no existió ningún relato del mismo tema en castellano y que sólo el interés o la proyección que alcanzaron mientras se componía la crónica determinó el que fueran interpoladas en la *Gran conquista de Ultramar*.[83]

If we accept Bautista's assertions, then, the *Crónica de Flores y Blancaflor* would not date from the end of the thirteenth century, but rather from the end of the fourteenth. This claim has serious grounds for consideration, since the manuscripts of the *GCU*—especially MS. BN 1920, which contains the summary mentioned above—were all copied at a much later date, but more importantly

---

[83] "A summary of this cycle, which contains only a brief reference to Flores and Blancaflor, is also present in the *Gran conquista de Ultramar* (ca. 1293), something that has presented numerous problems. As we know today, all this section of the *Gran conquista* was interpolated at a much later date than that of its original composition, from materials present in the rough drafts of the *Crónica carolingia* [MS. 7583], and at the same time that this text was composed, that is, around 1388–90. This means that the introduction of this cycle in Castile occurred only at that time, in a process inextricably linked to the creation of the very *Crónica carolingia*, so that only to the creation of this chronicle can we ascribe the effort of translating and adapting the legends. Furthermore, this also means that until that date no Spanish version of the story existed whatsoever, and that only their interest, or the projection that these legends acquired as the chronicle was composed determined their inclusion in the *Gran conquista de Ultramar*": F. Bautista, "*Floire et Blancheflor* en España e Italia." *Cultura Neolatina* 67 (2007): 139–157, here 141 (my translation).

this claim has very serious implications. In light of Bautista's recent findings, all critical works on the Spanish medieval version of Flores and Blancaflor since 1963 would have proposed a date for the legend that is off by at least one century (!). This also means that the *Crónica* would not be, as Grieve hoped, the definitive proof that the "third strain" or "lost version" postulated by G. Paris in 1875 ever existed. For Bautista, then, no Castilian version of the story can be dated before the end of the fourteenth century, and its insertion in Spanish historiography would depend on a French original (*Conte*) which was adapted on a much later date to the needs and structure of the chronicle. Since the date of the Spanish medieval version of *Flores y Blancaflor* is still a matter of debate I will not privilege one theory over the other. There are still too many unanswered questions regarding the relationship between the extant European versions of the story, the indications in MS. 7583 that point to an earlier copy or rough draft of the manuscript, and the many references to the two lovers found within the Iberian Peninsula, to name but a few of the problems associated with Flores and Blancaflor. In any case, the medieval Spanish text edited here corresponds to a version unknown to critics until the second half of the twentieth century, and is surely the story that circulated in Spain throughout the late Middle Ages. Its exact place in the general stemma of European families has yet to be determined, but the significance of the discovery of a version which remained lost for at least six or seven hundred years should not be underscored.

Sigiberto and the *Estoria del señorio de Africa*

The compiler of the *Estoria de España* in which *Flores y Blancaflor* is contained continually asserts throughout the text that the author of the legend is a man by the name of Sigiberto, or in other instances, that the source for the narrative contained in MS. 7583 is a book dealing with the history of the Moorish kings of Africa who ruled over Spain [MS. *estoria que fizo de los reyes moros que ouo en africa que aseñorearon a españa*]. Further references to this source are confusing, since they either affirm that Sigiberto composed the story of Flores and Blancaflor [MS. *estoria que fizo de flores e de blanca flor*], that he copied it in(to) Arabic [MS. *escriuio esta estoria en arauigo*], or even that he translated it from Arabic into, supposedly, Spanish [MS. *saco esta estoria del fecho de flores e de blanca flor de arauigo*]. Most interestingly, the manuscript also affirms that Sigiberto was a citizen of Córdoba present at the coronation of Flores and Blancaflor [MS. *que fue natural de cordoua e que se açerco y aquel dia en cordoua que besaron la mano al rey flores*].

It is important to take some time to consider the different claims regarding the historical source of the Spanish *Flores y Blancaflor*, especially when J.-L. Leclanche has recently argued that the author of the French fable of *Floris et Blanchefleur* is the troubadour Robert d'Orbigny. The figure of Sigiberto as mentioned in the *Chronicle* is dealt with in detail in the studies of Catalán

Menéndez-Pidal and Deyermond,[84] although Gómez Pérez, Baranda, and Grieve do not give much importance to this character. None of them, however, have reached any definitive conclusions about the identity of Sigiberto, nor about the veracity of the compiler's claims that he has taken *Flores y Blancaflor* from this source. Some identify him with the historical Gilbert (Sigebert) of Gembloux,[85] although a Spanish Sigiberto has also been postulated. To this Spanish author are attributed a number of works that include the *Estoria del señorío de África* mentioned by MS. 7583, which is considered lost. References to this book can be found, however, in the *GCU*, and in greater number in the *Crónica de Castilla*, where we find a reference to the story of the Moorish kings who ruled in the kingdom of Africa [MS. *estoria de los reyes moros que regnaron en el señorio de africa*], also attributed to a "Roman" author named Gilberto or Guilberto. Although Gómez Pérez claims that this Gilberto cannot be identified with the Sigiberto mentioned in the *Chronicle*,[86] the similarities between the titles of the books and their author are striking. For Gómez Pérez, the *Estoria del señorío* never existed, claiming that the references in MS. 7583 are but an invention of the compiler to give historical accuracy to the legend. His argument is that the many references to the "estoria de los reyes moros que ouo en africa" could very well be references to the "estoria de flores e blanca flor" itself.[87] Although this connection makes perfect sense, inasmuch as the story of *Flores y Blancaflor* is, at least in part, the story of the Arab caliphs in Africa who also ruled over Spain, his opinion does not seem to be supported in the text. It seems to me that what the scribe is continually indicating is that the story of *Flores y Blancaflor* was *contained* inside the larger *Estoria del señorío*, not that one is the same as the other.

For Catalán Menéndez-Pidal, Deyermond, and Grieve, however, this source is very likely historical. Catalán Menéndez-Pidal puts forth the strongest claim for postulating the existence of this lost manuscript, and makes explicit that its author was possibly a monk from the monastery of San Pedro de Cardeña. He even gives—with Deyermond—the reign of Sancho IV (r. 1284–1295) as its

---

[84] See D. Catalán Menéndez-Pidal, "La *Estoria de los reyes del señorío de África*," *Romance Philology* 17 (1962–1963): 346–53, and A. Deyermond, "The Lost Literature of Medieval Spain," *La corónica* 5 (1976–1977): 93–100.

[85] Sigebert, or Gilbert of Gembloux (1028–1112), was a monk of the Gemblacum (today Gembloux) abbey in Belgium. He composed the famous *Chronicon universale* ca. 1114, but he is also the author of many hagiographic writings. Other medieval chroniclers, like Ekkehard of Aura, Robert of Auxerre, or the anonymous monk of Anchin based their work on the writings of Gilbert. About the relationship of Gilbert with Spain, Barton has noted that he "was but one among several chroniclers to record the presence of Spanish knights on the First Crusade": S. Barton, "From Tyrants to Soldiers of Christ: The Nobility of Twelfth-Century León-Castile and the Struggle against Islam," *Nottingham Medieval Studies* 44 (2000): 28–48, here 57.

[86] Gómez Pérez, "Leyendas carolingias," 144.

[87] Gómez Pérez, "Leyendas carolingias," 142–43.

probable date of composition, a date compatible with that given by Gómez Pérez for the composition of the *GCU*. This coincidence in dates is also pointed out by Grieve. The references to other sources in the text of the *Chronicle* must also be taken into account, for one must read further in the manuscript in order to notice a change in the historical sources of the Alfonsine *Estoria de España*. Following the stories of *Berta* and *Mainete*—which are as fictional as that of *Flores y Blancaflor*—the compiler goes on to tell the story of *Bernardo del Carpio* (fol. 89) or the legend surrounding the creation of the "Cross of the Angels" [MS. *cruz de los angeles*], which can still be visited in Oviedo's cathedral. The sources of these stories are clearly stated by the compiler, who often takes his data from the thirteenth-century chronicles of Lucas de Tuy and Rodrigo Ximénez de Rada.[88]

Whether the *Estoria del señorío* was an invention of the compiler or a historical source is still a matter of debate. Even though Gómez Pérez considers the references to Sigiberto in the *Chronicle* to be the compiler's inventive attempts to give an air of authority to his narrative, one must at least wonder why the manuscript of the *Estoria de España*, among other chronicles, would invent a fictitious source for *Flores y Blancaflor* when it has quoted so manifestly from the *Chronicon universale* of the historical Gilbert (Sigibert) of Gembloux, and later from two of Spain's most renowned chroniclers, Lucas de Tuy and Ximénez de Rada. I find it difficult to believe that the compiler would refer to two different Sigibertos (Gilbert of Gembloux and the compiler of the *Estoria del señorío*) without distinguishing one from the other, especially since the references are so close, and thus I deem possible that the *Estoria del señorío*—whether real or fictitious—has been ascribed in the *Chronicle* to none other than the historical Gilbert of Gembloux.

Muslim and Christian Spain in the Eighth Century

The most interesting aspect of the *Chronicle* version of *Flores y Blancaflor* is that the main story is perfectly intertwined with chapters relating to the history of Spain in the larger *Estoria de España*. These chapters maintain a well-defined structural unit, roughly covering the period from the Muslim conquest of Spain in 711 until the fall of the Umayyad dynasty at Damascus, with the consequent establishment of an independent emirate in Córdoba by the only surviving Umayyad, 'Abd al-Rahman I (r. 756–788). This troublesome period in Spain's history is an ideal setting for the legend of *Flores y Blancaflor*, in that it is what R. Fletcher, among others, has labeled "the bleakest in the entire recorded history of the Iberian Peninsula [and] the most obscure to us."[89]

---

[88] Lucas de Tuy (d. 1249?) is quoted, for example, in fols. 83vb, 93ra, 93rb, 94ra, 94va, 97ra, 97rb, 98^{vb,} 100ra, 100vb, 120vb, 122rb, 123ra, 128vb, 133rb, 135vb, and 143ra. References to Rodrigo (d. 1245) are found in fols. 94va, 97va, 98vb, 101rb, 136ra, and 138va among others.

[89] R. Fletcher, *Moorish Spain* (New York: Henry Holt, 1992), 30.

We cannot claim that the historical chapters surrounding the legend are crucial to the narrative of the proto-fable of *Flores y Blancaflor*; indeed, the other extant versions of the story do not follow this historiographic trend. However, in the case of the *Chronicle*, the compiler has taken so much trouble to intertwine reality with legend that, at least in the case of MS. 7583, one cannot do without the other. The connections between the real Umayyad caliphs and the fictional court in Almería have been established with such an attention to detail that the compiler's union of both narratives has significantly shaped the text of the legend. Grieve lists the compiler's main efforts as follows: "the nationalization of the history of Spain; the tendency to fold historical events into a universal pattern of Christian history; . . . the tendency to record history according to genealogies and dynastic implications; and the 'novelization' of history or the historicization of fiction."[90] Because the historical chapters surrounding the legend are a key element in the narrative, they have been transcribed in full in this edition.

The first historical chapter included in *Flores y Blancaflor* sets the action in the year 763 and narrates the deeds of the Asturian King Alfonso "el católico" [the Catholic] against the Muslim rulers of southern Spain. In fact, Alfonso's importance is so great, and the territories he gained back from Islam so many, that the compiler dedicates no fewer than three chapters to him, and even takes the time to present the genealogy of the Asturian kings leading up to him.[91] The opposition of the small Christian kingdom in the north to the Arabs occupying vast expanses of land in the south is present throughout the whole story. The historical chapters dealing with the reconquest of Spain do not include any of the fictional characters until very late in the story, but their "plot" essentially coincides with that of *Flores y Blancaflor*. The ultimate goal of the actions described in both stories is the same: the Christianization of Spain. Although King Flores manages to convert all of Spain to Christianity, a deed that the historical kings of Spain would not achieve until 1492, the compiler makes clear that all the land was again lost to the Moors after Flores's death (MS. *perdiose la tierra toda e ganaronla moros que vinieron despues*). Thus legend and history again see eye to eye.

In the remaining historical chapters, especially those that deal with the Arab rulers of the south, the fictional characters play a more important role. Flores's grandfather, Ysca, was the historical caliph of Damascus Hisham I, responsible for appointing all the Spanish "kings" (emirs of Córdoba) who rule side by side in the legend with the fictional character of King Fines, Flores's father. For each and every mention of an Arab ruler, however, the compiler is careful to distinguish between the historical emirate of Córdoba and the (then fictional) emirate of Fines in Almería, an example of perfect harmony between history and

---

[90] Grieve, *Floire and Blancheflor*, 33–34.
[91] The Asturian dynasty, of course, goes back to King Pelayo, who is mentioned in the manuscript, but whose "story" must have been narrated in the folios that are now missing from the manuscript.

legend.[92] The connections between the two narratives are numerous. Following the link between Flores and Hisham I, other caliphs of Damascus form part of the hero's family. Flores's fictional father helps Yusuf al-Fihri to regain his kingdom, Flores sends letters to the historical Pope Paul I, and the Arab emirate of Almería and the Christian kingdom of Asturias join efforts against other Muslim states in Spain. Finally, the narrative details the dynasty of the French Carolingian kings (Charles Martel, Carloman, Pepin the Short, and Charlemagne); the papacies of Gregory III, Zachary I, Stephen II (III), and Paul I; the Byzantine emperors Leo III and Constantine V;[93] and in greater detail, the succession of the Asturian kings Pelayo, Fávila [MS. *Fafila*], Alfonso el católico, Fruela, Aurelio, Silo, and Mauregato [MS. *Mueregato*]. However, the manuscript pays the greatest attention to the Muslim dynasties that ruled Damascus and Spain during the period of time covered by the narrative of *Flores y Blancaflor*, and therefore, it is important to detail the lineage of the historical rulers as it appears in the manuscript:[94]

Caliphate at Damascus (Umayyad dynasty)   *MS. 7583*

The Umayyad dynasty rules the Islamic Empire and establishes the capital at Damascus.

Yazid ibn Abd al-Malik (r. 720–724)   [Yzid], Flores's great-uncle.
Hisham ibn Abd-al-Malik (r. 724–743)   [Ysca], Flores's grandfather.
Al-Walid ibn Yazid (r. 743–744)   [Ulit-Abilit], Flores's uncle.[95]
Ibrahim ibn al-Walid (r. 744)   [Ybracum], Flores's uncle.
Marwan ibn Muhammad (r. 744–750)   [Moroan]

---

[92] Ysca, then, always warns the new king of Spain that "in the kingdom of Almería and every other part chosen by his son [Fines], he would not have anything to do, but everywhere else he could act as king" [MS. *en el reyno de Almeria e en todo lo al que su fijo escogiera para sy, que el non ouiese y que ver, mas que en todo lo al fiziesse como rey*].

[93] The compiler does not mention Constantine V, but Constantine IV. Chronologically speaking, however, he could not have referred to this emperor.

[94] In addition to the fact that fictional and historical characters often appear together in the manuscript, a brief description of the Umayyad and Abbasid dynasties mentioned in the *Chronicle* is necessary. As an example of how intricate this lineage can be, there seems to be some confusion in Grieve (*Floire and Blancheflor*, Appendix) regarding the rulers listed in the manuscript, for she takes the independent emir of Córdoba, Hisham I (r. 757–796), to be his namesake caliph of Damascus who, nevertheless, ruled from 724 to 743. Following this emir, Grieve gives a list of subsequent emirs after Hisham. Apart from the chronological evidence and the coincidence in names, Flores's grandfather [Ysca] cannot be the former, for he is referred to as "Amir al-Mu'minin," the title given to caliphs, not to emirs. Although Córdoba was already independent of Damascus by the time of Hisham I (r. 757–796), its rulers would appropriate the title of caliph only in 912, with 'Abd-al-Rahman III.

[95] The next caliph is Yazid III (r. 744), whom the manuscript omits.

Caliphate at Baghdad (Abbasid dynasty)   *MS. 7583*

The Abbasid dynasty overthrows the Umayyads. Following the change in power, the new rulers massacre all the remaining members of the Umayyad dynasty except for one. The first Abbasid caliph, al-Saffah, still rules in Damascus, for the capital of Islam will be moved to Baghdad only by al-Mansur.

Abu-l-Abbas al-Saffah (r. 749–754)   [Azalo]
Abu Yafar al-Mansur (r. 754–775)   [Almozoar]

Dependent Emirate of Córdoba   *MS. 7583*

During the entire rule of the Umayyads at Damascus, and of the first Abbasids in Baghdad, Córdoba is but one of the provinces of the Islamic empire. It only becomes an independent emirate in 756 with 'Abd al-Rahman I, who establishes an independent Umayyad emirate in Spain when his dynasty is overthrown by the Abbasids in Damascus.

'Abd al-Rahman ibn 'Abd Allah al-Gafiqui (r. 721; 730–732) [Abdurramen]
Mahomad ibn 'Abd Allah al-Ashjai (r. 730)   [Mahomad Aben Audalla]
'Abd al-Malik ibn Qatan al-Fihri (r. 732–734; 740) [Abdemelic]
Uqba ibn Hayyay al-Saluli (r. 734–740)   [Ocba / Ocha][96]
Abu-l-Jattar Husam ibn Dhirar al-Kalbi (r. 743–745) [Abucatar]
Tuwaba ibn Salama al-Yudami (r. 745–746)   [Toaba]
Yusuf ibn 'Abd al-Rahman al-Fihri (r. 747–756)   [Yuçuf Alchari]
'Abd al-Rahman I (r. 756–788)   [Abdurramen][97]

On the one hand, one might wonder what reasons moved the compiler to include *Flores y Blancaflor* in the larger *Estoria de España*. On the other, the compiler's emphasis on this historiographic trend must be given second thought. Why is the story of the two lovers so closely linked to the history of the kings of Spain, and not told separately as in most extant versions? The ultimate link between legend and history comes in the story of *Berta*, following that of *Flores y Blancaflor*, for even if the heroes are fictional, they belong to a line of descent comparable to that of the kings of Spain and France. Their fictional daughter, Berta (*Berthe aux grands pieds*), will marry King Pepin the Short of France, thus making Flores and Blancaflor the grandparents of Charlemagne. The disposition of the three narratives together—*Flores y Blancaflor*, *Berta*, and *Mainete*—is clearly, as we

---

[96] The caliphates of Baly ibn Bisr (r. 741–742) and Ta-l-Aba ibn Salama al-Amili (r. 742–743) are omitted.

[97] 'Abd-al-Rahman I is the first emir who is not dependent on the central power of Islam. He established an independent Umayyad emirate when his dynasty was overthrown by the Abbasids in Damascus.

mentioned above, an effort to establish a link between the kings of Spain and Charlemagne.

One further comment regards chronology in the manuscript. In the historical chapters intertwined with the story of *Flores y Blancaflor*, the *Chronicle* gives many chronological references in chapters relating to the Asturian monarchy. These dates, however, must not be taken as accurate. They are rather an approximation of more general dates, since they do not always add up as one would expect. In the most elaborate references, the compiler offers six or seven types of dates that vary according to a historical figure. Apart from the year according to the *Roman era* (*era of Spain*),[98] the compiler gives another one for the *Christian era*, and one for the Asturian monarchy, the papacy in Rome and the Byzantine Empire, the French monarchy, and the Damascus caliphate.

The following table, with which we close the analysis of the chronicle version, shows the temporal references given by the compiler throughout the story. All numerical entries displayed horizontally should theoretically refer to the same year, except for the discrepancy between the *Roman* and the *Christian era*. All entries in columns should always follow chronological order. As the reader will observe, this is not so in any of the two cases:

Asturias		Roman Era	Christian	Pope / Byz.	France	Arab
Fávila	= 737	763 (= 725)	735	737	730	731
Alfonso	= 740	764 (= 726)	736	738	732	——
Alfonso	= 743	777 (= 739)	738	741	——	——
Alfonso	= 740	780 (= 742)	742	745	——	——
Alfonso	= 751	784 (= 746)	737	749	——	——
Alfonso	= 752	785 (= 747)	747	750	——	——
Alfonso	= 755	788 (= 750)	——	——	——	——
Alfonso	= 757	780 (= 742)	752	755	——	——
Fruela	= 757	781 (= 743)	753	756	747	749
Fruela	= 758	792 (= 754)	744	757	——	——

---

[98] This era begins 1 January 38 A.D., and is supposedly associated with the pacification of Spain by the Romans. This system was abolished in 1180 in Catalonia, and later in Aragón (1350), Valencia (1358), Castile (1383), and Portugal (1422). For Castile, the *Crónica de los reyes de Castilla* claims that King Juan I ordered that in 1383 "in the documents henceforth composed, the year of the birth of Our Lord Jesus Christ shall be stated, which began this year from Christmas day onwards; and the Era of Caesar, which until now had been used in Castile and Leon, shall not be written" [*en las escripturas que de aqui adelante se ficiesen se pusiese el año del Nasçimiento de Nuestro Señor Jesucristo que comenzo este año dende la Navidad en adelante; e non se pusiese la Era de Cesar, que fasta entonçe se usara en Castilla e Leon*].

Facsimile of MS. B. N. Madrid 7583

MS. B. N. Madrid 7583. First folio (fol. 5ᵛ) of the *Crónica de Flores y Blancaflor*.
© Biblioteca Nacional de España

Editorial Criteria

The present text is an edition of MS. B. N. Madrid 7583, fols. 5ᵛ-50ᵛ. The edition respects the original text of the manuscript, except in a number of cases in which I have decided to alter its readings to make the text accessible to the non-specialist:
 -Punctuation (excluding accents) follows modern standards throughout.
 -I regularize the use of i / j.
 -Double "r" at the beginning of words has been rendered as a single "r".
 -Double "n" has been rendered as "ñ".
 -The tyronian note (&) has been expanded to "e".
 -All scribal abbreviations, such as q<ue>, sen<n>or, no<n>, t<ie>rra, om<ne>s, cauall<er>os, etc. have been expanded in all cases.
 -Scribal corrections and repetitions have been eliminated from the text, but they are always accounted for in the footnotes.

Regarding temporal references at the beginning of some (historical) chapters, I have altered the reading and provided a numerical figure. This is done in references that locate the action of the story in a specific time period, in order to facilitate the temporal location of the narrative and the comparison between the different periods to which the compiler refers. All other numerical entries are spelled out, respecting the manuscript's original reading.

Since MS. 7583 lacks the initial pages (and thus, the initial chapters), I do not render the manuscript's numeration, which goes from chapter fifteen to chapter forty-five. For the title of the chapters in *Flores y Blancaflor*, I retain the manuscript's original reading, but my numeration goes from one to twenty-nine.[99] The chapter number which corresponds to the original reading is accounted for in the footnotes. Those interested in the original readings of the manuscript can always consult my paleographic edition of the text, *Texto y concordancias de la Crónica de Flores y Blancaflor*.

There are three different kinds of notes to the edition. A footnote may explain historical characters and events, variants between the different versions of *Flores y Blancaflor*, or passages worthy of commentary. Other footnotes, those starting with *7583:*, serve to record the original text of the manuscript whenever the reading is dubious or a change has been made in the edition. For these, the reader should know that I have indicated all scribal abbreviations with angled brackets < >; a superimposed word or letter with square brackets [ ]; and a word that has been eliminated or crossed out by the scribe with parentheses ( ). Finally, some footnotes offer explanations to the vocabulary with which the reader may not be familiar. Although the specialist will make little use of these glosses,

---

[99] The total number of chapters in *Flores y Blancaflor* is thirty-one, but since the manuscript is missing chapters twenty-one and twenty-two, my numeration goes to twenty-nine.

I have opted to explain difficult words and expressions in order to broaden the scope of readers. The story of *Flores y Blancaflor* can be as entertaining to the general reader as it is instructive to the medievalist.

Bibliography

Manuscript

Madrid. Biblioteca Nacional, MS. 7583 (olim T-233). Alfonso X. *Estoria de España; Primera crónica general.* 207 fols., 2 cols., 250 x 170 mm.

7583. [ALFONSO X EL SABIO: Historia de Espanna].-S. XV, papel, 253*164 mm., 207 fols., 2 cols. Mutilada al principio y al final. Comienza en el cap. quinto "...alavares per companneros del regno," termina "avie nombre la duena dona Urraca" (ed: *Primera Crónica General, o sea, Estoria de España* que mandó componer Alfonso el Sabio . . . publicada por Ramón Menéndez Pidal, I, Madrid, 1906, p. 324, col. 2 lin. 29–468, col. 1 lin. 6).

Editions

Arbesú, David, ed. *Texto y concordancias de la Crónica de Flores y Blancaflor (Biblioteca Nacional de Madrid MS. 7583).* New York: Hispanic Seminary of Medieval Studies, 2005.

Assenede, Diederick van. *Floris ende Blancefloer,* ed. Henri Ernst Moltzer. Groningen: J. B. Wolters, 1879.

Baranda, Nieves, and Victor Infantes, eds. *Narrativa popular de la Edad Media.* Madrid: Akal, 1995.

Bautista Pérez, Francisco. *La materia de Francia en la literatura medieval española. La "crónica carolingia." Flores y Blancaflor, Berta y Carlomagno.* San Millán de la Cogolla: Instituto Biblioteca Hispánica, CiLengua, 2008.

Bekker, Immanuel, ed. *Flore und Blancefor, altfranzösicher Roman.* Berlin: G. Reimer, 1844.

———, ed. *Florios und Platziaflore.* Berlin: Akademie der Wissenschaften, 1845.

Boccaccio, Giovanni. *Filocolo,* ed. Antonio Enzo Quaglio. Milan: Mondadori, 1998.

Boekenoogen, Gerrit Jacob, ed. *De Historie van Floris ende Blanceflur.* Leiden: E. J. Brill, 1903.

Bonilla y San Martín, Adolfo, ed. *La historia de los dos enamorados Flores y Blancaflor.* Madrid: Ruiz Hermanos, 1916.

Brandt, Carl Joakim, ed. *Flores og Blanseflor.* Copenhagen: Michaelsen and Tilbe, 1861.

Broughton, Bradford, ed. *Richard the Lion-Hearted, and Other Medieval English Romances.* New York: Dutton, 1966.

Butts, Marie, ed. *Flore et Blanchefleur; Berthe aux grands pieds.* Paris: Larousse, 1936.
Calleja, Seve, ed. *Flores y Blancaflor: una historia anónima medieval.* Madrid: Miraguano, 1997.
Correa Rodríguez, Pedro. *Flores y Blancaflor: Una novela del siglo XIII.* Granada: University of Granada Press, 2007.
Crescini, Vincenzo, ed. *Cantare di Fiorio e Biancifiore.* 2 vols. Bologna: Romagnoli-Dall'Acqua, 1889–1899.
Crocioni, Giovanni, ed. *Cantare di Fiorio e Biancifiore.* Rome: Società Filologica Romana, 1903.
Daumas, Fabienne, ed. *Flore et Blanchefleur.* Paris: Larousse, 1986.
Ellis, George, ed. *Specimens of Early English Metrical Romances, to Which is Prefixed an Historical Introduction on the Rise and Progress of Romantic Composition in France and England.* London: Bohn, 1848.
Faral, Edmond, ed. *Le Manuscrit du Fonds Français No. 19152 de Bibliothèque Nationale de Paris.* Paris: Droz, 1934.
Flores y Blancaflor; la reina Sevilla. Madrid: Libra, 1972.
Gassies, Georges, ed. *Flore et Blanchefleur.* Paris: Delagrave, 1930.
Gómez Pérez, José, ed. "Leyendas medievales españolas del ciclo carolingio." *Anuario de Filología* (Maracaibo) 2–3 (1963–1964): 7–136.
Hannedouche, Suzanne, ed. and trans. *Floire et Blanchefor: Traduction en français moderne.* Narbonne: Editions des Cahiers d'Études Cathares, 1971.
Hartog, Willie Gustave, ed. *Flore et Blanchefleur.* London: Gregg, 1935.
Hartshorne, Charles Henry, ed. *Ancient Metrical Tales.* London: W. Pickering, 1829.
Hausknecht, Emil, ed. "Das *Cantare di Fiorio e Biancifiore.*" *Archiv für das Studium der neueren Sprachen und Litteraturen* 71 (1884): 1–48.
———, ed. *Floris and Blauncheflur.* Sammlung Englischer Denkmäler in kritischen Ausgaben 5. Berlin: Weidmann, 1885.
Hesseling, Dirk C., ed. *Le roman de Phlorios et Platzia Phlore.* Amsterdam: J. Müller, 1917.
Historia de los dos enamorados Flores y Blancaflor. Seville: Juan Cromberger, ca. 1524 / 1530 / ca. 1532; Burgos: Phelippe de Junta, 1562 / 1564; Alcalá: Juan Gracián, 1604.
Historia de Flores y Blancaflor, y sus desgracias y amores, y cuantos peligros pasaron, siendo Flores moro y Blancaflor cristiana. Seville: Lucas Martín Hermosilla, 1691 / ca. 1700; Madrid: Francisco Sanz, 1704; Córdoba: Rafael García Rodríguez, ca. 1750; Carmona: Jose María Moreno, 1860.
Historia de Flores y Blancaflor. Madrid: Isidra Ocaña, 1813 / 1846 / 1858 / 1884.
Historia de Flores y Blanca Flor, de su descendencia y de sus firmes amores y de la gran lealtad que hubo entre ellos y de cuantos peligros y trabajos pasaron. Manresa: Pablo Roca, 1840.

Hubert, Merton Jerome, ed. and trans. *The Romance of Floire and Blanchefleur: A French Idyllic Poem of the Twelfth Century*. Chapel Hill: University of North Carolina Press, 1966.

Keyser, Paul de, ed. *Floris ende Blancefloer*. Vereeniging: Wereld Bibliotheek, 1940.

Klemming, Gustaf Edvard, ed. *Flores och Blanzeflor*. Stockholm: Samlingar utgivna af Svenska fornskrift-sällskapet, 1844.

Kölbing, Eugen, ed. *Flóres saga ok Blankiflúr*. The Hague: Niemeyer, 1896.

Krüger, Felicitas, ed. *Li romanz de Floire et Blancheflor, in beiden Fassungen nach allen Handschriften mit Einleitung, Namenverzeichnis und Glossar neu herausgegeben*. Berlin: Ebering, 1938.

La historia de los dos enamorados Flores y Blancaflor, rey y reyna de España y emperadores de Roma. Alcalá: Arnao Guillén de Brocar, 1512.

Laing, David, ed., *A Penni Worth of Witte: Florice and Blauncheflour and Other Pieces of Ancient English Poetry Selected from the Auchinleck Manuscript*. Edinburgh: Abbotsford Club, 1857.

Leclanche, Jean-Luc, ed. *Le conte de Floire et Blanchefleur: Roman pré-courtois du milieu du XIIe siécle*. Paris: Honoré Champion, 1980.

———, ed. *Le conte de Floire et Blanchefleur: Nouvelle édition critique du texte du manuscrit A (Paris, BNF, fr. 375)*. Paris: Honoré Champion, 2003.

Leendertz, Pieter, ed. *Floris ende Blancefloer door Diederic van Assenede*. Leiden: Sijthoff, 1912.

Lumby, Joseph Rawson, ed. *King Horn, Floriz and Blauncheflur, The Assumption of our Lady*. London: Trübner, 1866.

Mak, Jacobus Johannes, ed. *Diederic van Assenede: Floris ende Blancefloer*. Zwolle: Tjeenk Willink, 1960.

Marchand, Jean, ed. and trans. *La légende de Flore et Blanchefleur, poème du XIIe siècle*. Paris: Piazza, 1930.

Méril, Édélestand du, ed. *Floire et Blanceflor: poémes du XIIIe siécle, publiés d'aprés les manuscrits*. Paris: P. Jannet, 1856.

Moreno Jurado, José Antonio, ed. *Florio y Blancaflor*. Seville: Padilla Libros, 1996.

Ninck, Johannes, ed. *Flore und Blanscheflur; altdeutscher Versroman*. Frauenfeld: Huber, 1924.

Ortolá Salas, Francisco Javier, ed. *Florio y Platzia Flora*. Madrid: CSIC, 1998.

———, ed., *Florio y Platzia Flora: una novela bizantina de época paleóloga*. Cádiz: University of Cádiz Press, 1999.

Papanikolaou, Kostas, ed. *Florios kai Platziaflora*. Athens: Oikos, 1939.

Pelan, Margaret, ed. *Floire et Blancheflor: édition du MS. 1447 du fonds français*. Paris: Les Belles Lettres, 1956.

———, ed. *Floire et Blancheflor: édition du MS. 19152 du fonds français*. Paris: Ophrys, 1975.

———, ed. *Floire et Blancheflor: Seconde version*. Paris: Ophrys, 1975.

Rischen, Carl H., ed., *Bruchstücke von Konrad Flecks Floire und Blanscheflur*. Heidelberg: Winter, 1913.
Sands, Donald B., ed. *Middle English Verse Romances*. New York: Holt, Rinehart and Winston, 1966.
Snorrason, Brynjolf, ed. "Saga af Floris ok Blankiflur i grundtexten med oversaettelse." *Annaler for nordisk oldkyndighed og historie* (1850): 3–121.
Sommer, Emil, ed. *Floire und Blantscheflur*. Quedlinburg: Gottfried Basse, 1846.
Steinmeyer, Elias von, ed. "Trierer Floyris." *Zeitschrift für deutsches Alterthum und deutsche Litteratur* 21 (1877): 307–31.
Taylor, Albert Booth, ed. *Floris and Blancheflour: A Middle English Romance*. Oxford: Clarendon Press, 1927.
Vincent, J., ed. *L'Histoire amoureuse de Floris et Blanchefleur s'amy . . . le tout mis d'Espagnol en François*. Paris: n.p., 1554. Antwerp: n.p., 1561.
Vries, Francisca Catharina de, ed. *Floris and Blancheflur: A Middle English Romance*. Amsterdam: University of Amsterdam Press, 1966.
Waetzoldt, Stephan, ed. *Flos unde Blankeflos*. Bremen: J. Kühtmann, 1880.
Williams, Harry F., and Mireille Guillet-Rydell, eds. and trans. *Flore et Blanchefleur*. Jackson, MS: University of Mississippi Press, 1973.
Wirtz, Wilhelmine, ed. *Flore et Blancheflor*. Frankfurt: Diesterweg, 1937.

Selected Bibliography

Aerts, Willem J. "The 'Entführung-aus-dem-Serail' Motif in the Byzantine (Vernacular) Romances." In *The Ancient Novel and Beyond*, ed. S. Panayotakis et al., 381–92. Leiden: Brill, 2003.
Alfonso X. *General estoria I. Madrid Nacional MS. 816. Electronic Texts and Concordances of the Madison Corpus of Early Spanish Manuscripts and Printings*. Madison and New York: Hispanic Seminary of Medieval Studies, 1999.
Altamura, Antonio. "Un'ignota redazione del *Cantare di Fiorio e Biancofiore*. Contribuito alla storia del *Filocolo*." *Biblion* 1 (1947): 92–133.
Baranda, Nieves. "Los problemas de la historia medieval de *Flores y Blancaflor*." *Dicenda* 10 (1992): 21–39.
Barnes, Geraldine. "Some Observations on *Flóres saga ok Blankiflúr*." *Scandinavian Studies* 49 (1977): 48–66.
———. "Cunning and Ingenuity in the Middle English *Floris and Blauncheflur*." *Medium Aevum* 53 (1984): 10–25.
Barton, Simon. "From Tyrants to Soldiers of Christ: The Nobility of Twelfth-century León-Castile and the Struggle Against Islam." *Nottingham Medieval Studies* 44 (2000): 28–48.
Bartsch, Karl. "Zum Floyris." *Germania* 26 (1881): 64–65.

———. "Zur Kritik von *Flore und Blanscheflur*." In idem, *Beiträge zur Quellenkunde der altdeutschen Literatur*, 60–86. Strassburg: Trübner, 1886.
Basset, Réné. "Les sources arabes de *Floire et Blancheflor*." *Revue des Traditions Populaires* 22 (1907): 241–45.
Bautista, Francisco. "Sobre la materia carolingia en la *Gran conquista de Ultramar y en la Crónica fragmentaria*." *Hispanic Research Journal* 3 (2002): 209–26.
———. "Hacia una nueva 'versión' de la *Estoria de España*: texto y forma de la Versión de Sancho IV." *Incipit* 23 (2003): 1–59.
———. "La *Crónica carolingia* (o *fragmentaria*): entre historiografía y ficción." *La corónica* 32.3 (2004): 13–33.
———. "*Crónica carolingia* (olim *Crónica fragmentaria*)." *Revista de Literatura Medieval* 16.1 (2004): 281–94.
———. "La composición de la *Gran conquista de Ultramar*." *Revista de Literatura Medieval* 17 (2005): 33–70.
———. "*Floire et Blancheflor* en España e Italia." *Cultura Neolatina* 67 (2007): 139–57.
———. "Sobre la historia literaria castellana del siglo XIV." *La fractura historiográfica: Las investigaciones de Edad Media y Renacimiento desde el Tercer Milenio*. Coord. Javier San José Lera et al. Salamanca: SEMYR, 2008. 205–14.
Beaton, Roderick. *The Medieval Greek Romance*. 2nd rev. ed. London: Routledge, 1996.
———. "The Byzantine Revival of the Ancient Novel." In *The Novel in the Ancient World*, ed. G. Schmeling, 713–33. Leiden: Brill, 1996.
Bohigas, Pedro. *Libros de caballerías*. BAE 40. Madrid: BAE, 1857.
Bongini, Dino. *Noterelle critiche sul Filocolo di Giovanni Boccaccio, precedute da una introduzione storico-bibliografica sulla leggenda di Florio e Biancofiore*. Aosta: G. Allasia, 1907.
Bossuat, Robert. "*Floire et Blancheflor* et le chemin de Compostelle." *Bolletino del Centro di Studi Filologici e Linguistici Siciliani* 6 (1962): 263–73.
Brink, Jan ten. *Geschiedenis der nederlandschen letterkunde*. Amsterdam: Uitgevers-maatschappij "Elsevirer," 1897.
Brunet, Jacques-Charles. *Manuel du libraire et de l'amateur de livres*. Paris: Firmin Didot, 1865.
Bruns, Paul Jacob. *Das Volksbuch von Flore und Blancheflor*. Berlin: Nederduits, 1798.
———. *Flos und Blankflos. Romantische und andere gedichte in altplattdeutscher Sprache*. Berlin: Stettin, 1862.
Buckbee, Edward John. "Genteel Entertainment in Old French Romance Narrative: Registers of Learned Playfulness in *Floire et Blancheflor*." Ph.D. Diss., Princeton University, 1974.
Cacciaglia, Mario. "Appunti sul problema delle fonti del Romanzo di *Floire et Blancheflor*." *Zeitschrift für Romanische Philologie* 80 (1964): 241–55.
Calin, William. "Flower Imagery in *Floire et Blancheflor*." *French Studies* 18 (1964): 103–11.

Casariego, Jesús. *Crónicas de los Reinos de Asturias y León*. Madrid: Everest, 1985.
Catalán Menéndez-Pidal, Diego. "La *Estoria de los reyes del señorío de África*." *Romance Philology* 17 (1962–1963): 346–53.
———. "El taller historiográfico alfonsí. Métodos y problemas en el trabajo compilatorio." *Romania* 84 (1963): 354–75.
Chicoy-Daban, Ignacio. "A Study of the Spanish Queen Seuilla and Related Themes in European Medieval and Renaissance Periods." Ph.D. Diss., University of Toronto, 1974.
Cirot, Georges. "'El celoso extremeño' et l'*Histoire de Floire et de Blanceflor*." *Bulletin Hispanique* 31 (1929): 138–43.
Clemencín, Diego. *Biblioteca de libros de caballería*, ed. Juan Givanel Mas. Barcelona: Juan Sedo Peris-Mencheta, 1942.
Cluzel, Irénée. "A propos de l'*Ensenhamen* du troubador catalan Gerau de Cabrera." *Boletín de la Real Academia de Buenas Letras de Barcelona* 26 (1954–1956): 87–93.
Cooper, Louis, ed. *Liber regum (Cronicón villarense)*. Zaragoza: Archivo de Filología Aragonesa, 1960.
Correa Rodríguez, Pedro. *Flores y Blancaflor: un capítulo de literatura comparada*. Granada: University of Granada Press, 2002.
Corriente, Federico, ed., *Diccionario de arabismos y voces afines en iberorromance*. Madrid: Gredos, 2003.
Crescini, Vincenzo. "Il *Cantare di Fiorio e Biancifiore* e il *Filocolo*." In *Due studi riguardanti le opere minori del Boccaccio*, 6–37. Padua: Crescini, 1882.
———. "Flores y Blancaflor." *Giornale di Filologia Romanza* 4 (1883): 159–69.
———. "*Filocolo o Filocopo*." *Giornale d'Erudizione* 2 (1890): 41.
Dalen-Oskam, Karina H. van. "De Leidse fragmenten van *Floris ende Blancefloer*." *Spiegel der Letteren* 36 (1994): 249–77.
Decker, Otto. *Flos unde Blankeflos*. Rostock: Kaufungen, 1913.
Degnbol, Helle. "Le poème français *Floire et Blancheflor*, le récit en prose norroise *Flóres saga ok Blankiflúr* et la chanson suédoise *Flores och Blanzaflor*." *Revue des Langues Romanes* 102 (1998): 65–95.
Delbouille, Maurice. "A propos de la patrie et de la date de *Floire et Blanchefleur*." In *Mélanges de linguistique et de littérature romanes offerts à Mario Roques*, 4: 53–98. 4 vols. Paris: Éditions Art et Science, 1952.
Deyermond, Alan. *Historia de la literatura española: Edad Media*. Barcelona: Ariel, 1973.
———. "The Lost Genre of Medieval Spanish Literature." *Hispanic Review* 43 (1975): 231–59.
———. "The Lost Literature of Medieval Spain: Excerpts from a Tentative Catalogue." *La corónica* 5 (1976–1977): 93–100.
Ernst, Lorenz. *Floire und Blantscheflur; Studie zur vergleichenden Literaturwissenschaft*. Strassburg: Trübner, 1912.

Eschrich, Susan. "Boundary Transgressions in the Medieval Poem *Floire et Blanchefleur*." Ph.D. Diss., University of South Florida, 1998.
Fallersleben, Hoffman von. *Horae Belgicae (III): Floris ende Blancefloer door Diederic van Assenede*. Leipzig: F. A. Brockhaus, 1836.
Faral, Edmond. *Recherches sur les sources latines des contes et romans courtois du Moyen Age*. Paris: E. Champion, 1913.
Fitch, C. Bruce. "A Clue to the Genealogy for the *Gran conquista de Ultramar*." *Romance Notes* 15 (1973–1974): 578–80.
Fjelstrup, August. *Gotfred af Ghemans, udgaver af Flores og Blanseflor*. Copenhagen: Petersen, 1910.
Fletcher, Richard. *Moorish Spain*. New York: Henry Holt, 1992.
François, Charles. "*Floire et Blancheflor*: du chemin de Compostelle au chemin de la Mecque." *Revue Belge de Philologie et Histoire* 44 (1966): 833–58.
Futre Pinheiro, Marília. "The *Nachleben* of the Ancient Novel in Iberian Literature in the Sixteenth Century." In *The Novel in the Ancient World*, ed. G. Schmeling, 775–99. Leiden: Brill, 1996.
Gallardo, Bartolomé José. *Ensayo de una biblioteca española de libros raros y curiosos*. Madrid: Gredos, 1969.
García de Salazar, Lope. *Las bienandanzas e fortunas*, ed. Ángel Rodríguez Herrero. 2 vols. Bilbao: Diputación de Vizcaya, 1967.
Gayangos, Pascual de, ed. *Gran conquista de Ultramar*. BAE 44. Madrid: Librería y Casa Editorial Hernando, 1926.
Giacone, Roberto. "*Floris und Blanchefleur*: Critical Issues." *Rivista di Studi Classici* 27 (1979): 395–405.
Gilbert, Jane. "Boys Will Be . . . What? Gender, Sexuality, and Childhood in *Floire et Blancheflor* and *Floris et Lyriope*." *Exemplaria: A Journal of Theory in Medieval and Renaissance Studies* 9 (1997): 39–61.
Gimferrer, Pere, ed. and trans. *Curial e Güelfa*. Madrid: Alfaguara, 1982.
Goldberg, Harriet. *Motif-Index of Medieval Spanish Folk Narratives*. MRTS 162. Tempe, AZ: ACMRS, 1998.
Goldenberg, David M. *The Curse of Ham: Race and Slavery in Early Judaism*. New Jersey: Princeton University Press, 2003.
Golther, Wolfgang. *Tristan und Isolde; und Flore und Blanscheflur*. Berlin: W. Spemann, 1889.
Gómez Pérez, José. "Fuentes y cronología en la *Primera crónica general de España*." *Revista de Archivos, Bibliotecas y Museos* 67 (1959): 615–84.
———. "Elaboración de la *Primera crónica general de España* y su transmisión manuscrita." *Scriptorium* 17 (1963): 233–76.
———. "Leyendas carolingias en España." *Anuario de Filología* 4 (1964–1965): 121–48.
———. "La *Estoria de España* alfonsí de Fruela II a Fernando III." *Hispania* (Madrid) 25 (1965): 485–520.

———. "Leyendas del ciclo carolingio en España." *Revista de Literatura* 28 (1965): 5–18.
Gómez Redondo, Fernando. *Historia de la prosa medieval castellana*. 4 vols. Madrid: Cátedra, 1998.
González Rovira, Javier. *La novela bizantina de la Edad de Oro*. Madrid: Gredos, 1996.
Grieve, Patricia. "*Flores y Blancaflor*: Hispanic Transformations of a Romance Theme." *La corónica* 15 (1987): 67–71.
———. *Floire and Blancheflor and the European Romance*. Cambridge: Cambridge University Press, 1997.
Haddawy, Husain, ed. and trans. *The Arabian Nights II: Sinbad and Other Popular Stories*. New York: Norton, 1995.
Haidu, Peter. "Narrative Structure in *Floire et Blancheflor*: A Comparison with Two Romances of Chretien de Troyes." *Romance Notes* 14 (1972): 383–86.
Hannedouche, Suzanne. "*Floire et Blancheflor*." *Cahiers d'Etudes Cathares* 22 (1971): 32–39.
Herzog, Hans. "Die beiden Sagenkreise von *Florios und Blanchefleur*." *Germania* 39 (1884): 137–228.
Huet, Gédéon. "Sur l'origine de *Floire et Blanchefleur*." *Romania* 28 (1899): 348–59.
———. "Encore *Floire et Blanchefleur*." *Romania* 35 (1906): 95–100.
Hupfeld, Klaus Bernhard. "Aufbau und Erzähltechnik in Konrad Flecks *Floire und Blanscheflur*." Ph.D. Diss., University of Hamburg, 1967.
Imperial, Francisco. *El dezir a las syete virtudes y otros poemas*, ed. Colbert I. Nepaulsingh. Madrid: Espasa-Calpe, 1977.
Jackson, Timothy R. "Religion and Love in *Flore und Blanscheflur*." *Oxford German Studies* 4 (1969): 12–25.
Jeffreys, Elizabeth. "The Popular Byzantine Verse Romances of Chivalry: Work since 1971." *Mantataphoros* 14 (1979): 20–34.
———, and M. Jeffreys. "Phlorios and Platzia-Phlora." In *Oxford Dictionary of Byzantium*, 3: 1664. 3 vols. New York: Oxford University Press, 1991.
Johnston, Oliver M. "The Description of the Emir's Orchard in *Floire et Blancheflor*." *Zeitschrift für Romanische Philologie* 32 (1910): 705–10.
———. "Origin of the Legend of *Floire and Blancheflor*." In *Matzke Memorial Volume*, 125–38. Stanford: Stanford University Press, 1911.
———. "Notes on *Floire et Blancheflor*." In *Flugel Memorial Volume*, 193–99. Stanford: Stanford University Press, 1916.
———. "Two Notes on *Floire et Blancheflor*." *Zeitschrift für Romanische Philologie* 55 (1935): 197–99.
Kasten, Lloyd A. *Tentative Dictionary of Medieval Spanish*. New York: Hispanic Seminary of Medieval Studies, 2001.

Klein, Hans-Adolf. *Erzählabsicht im Heldenepos und im höfischen Epos: Studien zum Ethos im Nibelungenlied und in Konrad Flecks Flore und Blanscheflur.* Göppingen: Kümmerle, 1978.

Lane, Roland. "A Critical Review of the Major Studies of the Relationship of the Old French *Floire et Blancheflor* and its Germanic Adaptations." *Nottingham Medieval Studies* 30 (1986): 1–18.

Leclanche, Jean-Luc. "La date du *Conte de Floire et Blancheflor*." *Romania* 92 (1971): 556–67.

———. "Remarques sur la versification du *Conte de Floire et Blanchefleur*." *Romania* 95 (1974): 114–27.

———. "Contribution á l'étude de la transmission des plus anciennes oeuvres romanesques françaises. Un cas privilégié: *Floire et Blancheflor*." 2 vols. Ph.D. Diss., University of Paris, 1977. Lille: Lille University, 1980.

Lecurieux, Lucien. "Compte rendu de J. Reinhold, *Floire et Blancheflor*. Étude de littérature comparée." *Romania* 37 (1908): 310–13.

Legros, Huguette. *La Rose et le Lys: Étude littéraire du Conte de Floire et Blancheflor.* Aix-en-Provençe: CUERMA, 1992.

Livemore, Harold V. *The Origins of Spain and Portugal.* London: George Allen & Unwin, 1971.

Martorel, Joanot. *Tirant lo Blanc*, ed. Martín de Riquer. Barcelona: Ariel, 1979.

McCaffrey, Phillip. "Sexual Identity in *Floire et Blancheflor* and *Ami et Amile*." In *Gender Transgressions: Crossing the Normative Barrier in Old French Literature*, ed. Karen J. Taylor, 129–51. New York: Garland, 1998.

Menéndez Pidal, Ramón, ed. *Primera crónica general de España.* Madrid: Gredos, 1977.

Moignet, Gérard. "Sur le vers 177 de *Floire et Blancheflor*." *Romania* 80 (1959): 254–55.

Mussons, Ana María. "*Flores y Blancaflor* en la literatura castellana." In *Actas del II Congreso Internacional de la Asociación Hispánica de Literatura Medieval*, 2: 569–85. 2 vols. Alcalá de Henares: University of Alcalá de Henares, 1992.

O'Callaghan, Joseph F. *A History of Medieval Spain.* Ithaca: Cornell University Press, 1975.

Ortolá Salas, Francisco Javier. "La canción popular en las novelas bizantinas de *Imperio y Margarona* y *Florio y Platzia Flora*." *Erytheia* 19 (1998): 57–73.

———. *Estudio de la novela bizantina Florio y Platzia Flora.* Madrid: Universidad Complutense Press, 2003.

Ott, C. "Byzantine Wild East — Islamic Wild West: An Expedition into a Literary Borderland." In *Der Roman im Byzanz der Komnenenzeit*, ed. P. A. Agapitos and D. Reinsch, 137–46. Frankfurt: Beerenverlag, 2000.

Pannier, Karl. *Flore und Blanscheflur, eine Märchendichtung.* Leipzig: P. Reclam, 1915.

Paris, Gaston. "Les contes orientaux dans la littérature française." *Revue politique et littéraire* 15 (1875): 1010–17.

———. "Review of *Cantare di Fiorio e Biancifiore*." *Romania* 28 (1899): 439–47.
Paris, Paulin, ed. *Romancero françois*. Paris: Techener, 1833.
Pérez de Guzmán, Fernán. *Generaciones y semblanzas*, ed. José Antonio Barrio. Madrid: Cátedra, 1998.
Pizzi, Italo. "Le somiglianze e le relazione tra la poesia persiana e la nostra del Medio Evo." *Memorie della Academia delle Scienzi di Torino* ser. 2, 44 (1892): 265–66.
Price, Jocelyn. "*Floire et Blancheflor*: The Magic and Mechanics of Love." *Reading Medieval Studies* 8 (1982): 12–33.
Reinhold, Joachim. "Quelques remarques sur les sources de *Floire et Blancheflor*." *Revue de Philologie Française* 19 (1905): 152–75.
———. *Floire et Blancheflor: Étude de littérature comparée*. Paris: E. Larose / P. Geuthner, 1906.
———. "Chronique au sujet de *Floire et Blancheflor*." *Romania* 35 (1906): 335–36.
Rodríguez de Montalvo, Garci. *Amadís de Gaula*, ed. Juan Bautista Avalle-Arce. 2 vols. Madrid: Espasa-Calpe, 1991.
Santa María, Pablo de. *Las siete edades del mundo*. Biblioteca Virtual Katharsis, 2008.
Schäfer, Verena. *Flore und Blancheflur Epos und Volksbuch: Textversionen und die verschiedenen Illustrationen bis ins 19. Jahrhundert: ein Beitrag zur Geschichte der Illustration*. Munich: Tuduv-Verlagsgesellschaft, 1984.
Segol, Marla. "*Floire and Blancheflor*: Courtly Hagiography or Radical Romance?" *Alif: Journal of Comparative Poetics* 23 (2003): 233–75.
Sharrer, Harvey. "Eighteenth-century Chapbook Adaptations of the *Historia de Flores y Blancaflor* by António da Silva, Mestre de Gramática." *Hispanic Review* 52 (1984): 59–74.
———. "The Spanish Prosifications of the *Mocedades de Carlomagno*." In *Hispanic Medieval Studies in Honor of Samuel G. Armistead*, ed. E. Michael Gerli, 273–82. Madison: Hispanic Seminary of Medieval Studies, 1992.
Shutters, Lynn. "Christian Love or Pagan Transgression? Marriage and Conversion in *Floire et Blancheflor*." In *Discourses on Love, Marriage, and Transgression in Medieval and Early Modern Literature*, ed. A. Classen, 85–108. MRTS 278. Tempe, AZ: ACMRS, 2004.
Sigebert. *Chronica*. In *Monumenta Germaniae Historica Scriptores* 6, ed. G. H. Pertz, 268 ff. Hannover: Hiersemann, 1844.
Spadaro, Giuseppe. *Prolegomena al romanzo di Florio e Plaziaflore*. Catania: University of Catania Press, 1979.
Spargo, John Webster. "The Basket Incident in *Floire et Blanceflor*." *Neuphilologische Mitteilungen* 28 (1927): 69–75.
Sundmacher, Heinrich. *Die Altfranzös. und Mittelhochdeutsche Bearbeitung der Sage von Flore und Blanscheflur*. Göttingen: Dieterich'sche Univ.-Buchdruckerei, 1872.

Teijeiro Fuentes, Miguel Ángel. *La novela bizantina española: apuntes para una revisión del género*. Cáceres: University of Extremadura Press, 1988.

Toroella, Guillem de. *La faula*, ed. Pere Bohigas and Jaume Vidal Alcover. Tarragona: Tarraco, 1984.

Valero, Marcelo. "*Flores y Blancaflor*: origen, valor y difusión temática." Ph.D. Diss., Universidad Complutense de Madrid, 1975.

Villena, Enrique de. *Obras completas*, ed. Pedro M. Cátedra. Madrid: Turner, 1994.

Ward, Marvin J. "*Floire et Blancheflor*: A Bibliography." *Bulletin of Bibliography* 40 (1983): 45–64.

Wehrle, J. *Blume und Weissblume: eine Dichtung des Dreizehnten Jahrhunderts*. Freiburg: J. Dilger, 1856.

Weller, Theresa Lynn. "The Illustration of the Medieval Romance *Floire et Blanchefleur* on an Ivory Box in the Toledo Museum of Art." M.A. Thesis, Michigan State University, 1990.

Wolfzettel, F. "Von Santiago nach Babileune: Wegesymbolik und Struktursymbolik in dem altfranzösischen Liebesroman *Floire et Blancheflor*." Paper at the conference "Die Welt der europäischen Strassen." Göttingen, December 2006.

Wright, Mary Earlene."The Conception of Love in *Floire et Blancheflor*." M. A. Thesis, Brown University, 1973.

Crónica de Flores y Blancaflor

I. Del linaje que vinieron Flores e Blancaflor[1]

Cuenta Sigiberto en su estoria que fizo de *Los reyes moros que ouo en Africa que aseñorearon a España*,[2] que fue vno dellos este Ysca Miramomelin,[3] e que ouo vn fijo que dixeron Fines. E quando este Fines fue grand mançebo, era muy fermoso e mucho apuesto, e el padre amauale mucho ademas, e por el grand amor que le auie casolo (fol. 6) con vna su sobrina, fija de Yzid su hermano.[4] E segunt cuenta Sigiberto, era este Fines omne mucho esforçado en fecho de armas,[5] e muy franco a su gente. E quando el entendio como non auie de reynar despues de la muerte

---

[1] *7583*: capit<ul>o xv que fabla del linaje q<ue> vinieron flores & blancaflor.

[2] For an analysis of Sigiberto and his lost work see Introduction.

[3] Hisham [Hisam, Hixam, Hixen] ibn 'Abd-al-Malik, or Hisham I (r. 724–743), ninth caliph of Damascus, of the Umayyad dynasty. The title *miramomelin* [Amir al-Mu'minin] means "prince of believers" or "commander of the faithful," although in this text it can be equaled to "caliph of Damascus," where the capital of Islam was established in 674. The historical period covered by *Flores y Blancaflor* is completely dominated by the dynasty of the Umayyads, which will last only until 750. It is important, then, to distinguish between the rulers to which the manuscript refers as *miramomelin*, and those given the title of king of Spain [MS. *rey de españa*], for which we could substitute *emir of Córdoba*. Furthermore, it must be noted that in this historical period Córdoba is subject to Damascus, becoming an independent emirate only in 756 after the Abbasid dynasty overthrew the Umayyads. 'Abd al-Rahman I (r. 756–788), the only Umayyad to survive the massacre, constituted an emirate in Al-Andalus independent from Baghdad, where the Abbasids took the capital of Islam. On these grounds we could make another distinction between the "governors" (*walís*) of Córdoba before its independence, and the "emirs," since they appropriated this title only after this date. Nevertheless, I keep the title of "emir" for all rulers of Córdoba, independent of their relationship to the capital of Islam, since historians apply the name in both cases.

[4] Yazid ibn 'Abd-al-Malik, or Yazid II (r. 720–724), caliph of Damascus, who first promulgated an edict ordering the destruction of Christian images.

[5] *fecho de armas*: guerra, contienda [*war, battle, military deed*].

de su padre, mas que Abilit, su primo hermano de su muger,[6] auia de auer el reyno e ser miramomelin, ouo ende grand pesar e fuese para su padre. E dixol:

—Señor, yo so cierto que non he a reynar despues de vos en el reyno de Africa, por que vos pido por merçed que me dedes reyno donde sea rey, ca señor, vuestra onrra es.

Ysca, quando esto oyo, ouo muy grand plazer e dixole:

—Fijo, tu demanda do quieres que te de el reyno e yo te lo otorgo, e fare a Abilit tu primo que te lo otorgue para en tu vida.

Quando esto oyo Fines, dixole que le diese vn reyno en España o el escogiese. E el otorgogelo e fizo a Abilit que gelo otorgase. E por que el demando en España e non en otro logar, fue por que oye dezir a los que de alla vinien que era España abondada de todas las cosas del mundo. Esto fecho, mando Ysca Miramomelin que de ally adelante llamasen a su fijo Fines, rey, e asi lo llamara[7] la estoria de aqui adelante, Rey Fines. Desy enbiol con muy grand flota e con muy grand caualleria a España, e paso consigo su muger e vna hermana della que auie nombre doña Seuilla.[8] E segunt dize Sigiberto, arribo en la cibdat de Almeria, que es en el Andaluzia, e tanto fue pagado[9] de esa çibdat que ally escogio su reyno, e fizo cabeça[10] del esa çibdat de Almeria.[11] E en el su reyno fueron estas çibdades: Almeria, Granada, Malaga, Guadix, Senda, Xerez, e los castillos Tarifa e Algezira, e el castillo de Montor,[12] estas todas con sus terminos e con otros

---

[6] Al Walid ibn Yazid, or Walid II (r. 743–744), caliph of Damascus. Since he became caliph after Hisham I, the chronicle was free to make up an imaginary kingdom in Spain for Hisham's fictitious son, Fines. The text refers to him both as *Ulit* or *Abilit*.

[7] *7583*: llamaua.

[8] This Sevilla [MS. *Seuilla*] must not be confused with the one related to the legend of doña Sevilla, which can be found in this manuscript intertwined with that of *Mainete* (young Charlemagne).

[9] *fue pagado*: le gustó [*he was pleased with it*].

[10] *cabeça*: capital, ciudad principal [*capital, main city or town*].

[11] Grieve claims that "the naming of Almería as the court makes historical sense, given that the Moorish rulers were, at this point, occupying Seville" (*Floire and Blancheflor*, 25 n.13). Nevertheless, Correa Rodríguez states that "making Almería the capital of a kingdom or *taifa* in the eighth century is an anachronism, for this city had not yet been founded" (*Flores y Blancaflor*, 78 n.14). There exists some confusion in Grieve regarding the Muslim rulers mentioned in the manuscript (see Introduction). According to her calculations, the story would take place half a century later than the actual date given in the manuscript, so that the founding of Almería would seem closer in time to the actual events of the story.

[12] "Almería, Granada, Málaga, Guadix" and "Xerez" [Jerez] retain their original names. "Senda" refers to modern "Medina Sidonia," in the province of Cádiz, where we also find the castles of "Algeciras" and "Tarifa." Regarding "Montor," there is a village by that name in Córdoba, but the exact location of the castle was never found. There is a

muchos castillos e villetas[13] que non son aqui nombrados. E despues de tienpo, fue señor de todo lo que los moros auien en España, segunt cuenta la estoria adelante.

Este Rey Fines, luego que fue apoderado de su reyno, reparo la flota que troxera de allen mar e guiso muy grand caualleria, e fue sobre mar por[14] correr tierra de cristianos. E arribo en Galizia, e salleron a terreno e corrieron[15] toda la tierra, e fizieron muy grandes daños e mataron muchos cristianos, e quemaron muchas villas e robaron toda la tierra, de guisa[16] que fizieron muy grand ganançia de bestias e de ganados, e de otras muchas cosas. E mando el Rey Fines meterlo todo en las naues por se tornar a su tierra. E mientra que cargaron las naues dixo el rey a dos sus cabdillos que fuesen en caualgada, e por auentura que podrien aver alguna ganancia. E ellos guisaronse[17] con su conpaña e fueronse asi como el mando.

Cuenta Sigiberto que en aquel tienpo que el Rey Fines entro sobre mar por yr correr tierra de cristianos, asi como lo ha contado la estoria, acaesçio[18] asy que en tierra de Françia,[19] que vn conde e su muger, que era fija de vn duque, prometieran de venir en romeria a Santiago de Galizia.[20] E entre tanto ouo de morir el conde, e ella finco preñada[21] del, asy que ouo de rogar al duque, su padre, que la

---

variant (Montoro, Montoire, Montorio, Muntoire, Montoire) in almost every version of the legend.

[13] *villeta*: aldea. [*village*]. Cf. Lloyd A. Kasten, *Tentative Dictionary of Medieval Spanish* (New York: Hispanic Seminary of Medieval Studies, 2001).

[14] 7583: sobre mar por por correr.

[15] *corrieron*: saquearon [*they sacked*].

[16] *de guisa*: de manera que [*so that*].

[17] *guisaronse*: se prepararon [*they got ready / prepared*].

[18] *acaesçio*: ocurrió de tal manera [*it so happened that*].

[19] Blancaflor's descent from the French nobility would support a possible French origin for the legend. Correa Rodríguez has argued that "the genealogy of Blancaflor proves the link between our story and a French 'conte'" (*Flores y Blancaflor*, 72). It is important to note that MS. 7583 omits now much of the information given at this point in the other versions, only to render it near the conclusion of the narrative.

[20] Saint James of Compostela [Santiago de Compostela]. Here is another strong Carolingian connection. According to one popular tradition, Saint James appeared to Charlemagne in a dream and, pointing to the Milky Way, described a route to the undiscovered place of his burial, ordering the king to find his tomb. Charlemagne became, then, the first pilgrim to Compostela. Cf. F. Wolfzettel, "Von Santiago nach Babileune: Wegesymbolik und Struktursymbolik in dem altfranzösischen Liebesroman *Floire et Blancheflor*," paper at the conference "Die Welt der europäischen Strassen," Göttingen, December 2006.

[21] *finco preñada*: quedó preñada [*she got pregnant*].

leuase a Santiago por conplir el voto que auia prometido,[22] pues que su marido era muerto. E el otorgogelo, e tomaron lo que auien menester,[23] e entraron en su camino. El duque era señor de grand tierra e leuaua consigo muy grand gente, e quando llegaron a Galizia viniendo por vnas montañas, los dos cabdillos que el Rey Fines auia enbiado toparon con ellos e mataron e prisieron muchos dellos. E entre los que mataron fue y muerto aquel duque, e fue presa aquella su fija, e leuaronla al Rey Fines su señor, e el dioles grand auer por ella. E desque la ouo conprado dellos, catola e viola muy fermosa, e preguntole de su fazienda, e dixole como era condesa en su tierra e que auie nombre Berta.[24]

E quando esto oyo el Rey Fines, plogole mucho porque era fija dalgo, ca le rogara su muger la reyna por tal catiua, sy la pudiese auer, que gela leuase, e mando pensar della muy bien[25] e que la guardasen en manera que le non fiziesen ningunt pesar. E desque el Rey Fines ouo corrido tierra de cristianos e se quiso tornar para su tierra, mando alçar las velas e metiose en alta mar. E luego que en la mar entraron, ouieron muy buen tienpo e en quinze dias arribaron en Almeria en su reyno. E el rey fue reçebido con muy grand alegria, ca bien auie dos años que fuera sallido dende, e auien muy grand (fol. 7) alegria entre sy hermanos con hermanos, e las mugeres con sus maridos. E el rey quanto ganara de los cristianos partiolo a su gente muy bien e muy francamente. E mando llamar a la reyna, e diole a la Condessa Berta, e dixole que la mandasse mucho onrrar, ca era fija dalgo e condessa mucho honrrada en su tierra e en su logar, e la reyna fue muy pagada e gradesçiolo mucho al rey porque tal don le daua, e mandola mucho seruir e onrrar, e auien grand savor vna de otra. La Condessa Berta fablaua françes, e la reyna algarauia, e vna a otra se mostrauan su lenguaje.[26] E la reyna fizola mucho su priuada, ca en todo su palacio non auie mas fermosa que aquella Berta, nin mas cortes nin mesurada. E avino assy que vn dia esta condessa labraua vn façeruelo[27] de seda que diesse a la reyna su señora por que ouiese mas su gracia, e en labrandole touole ojo la reyna e viola triste a marauilla, e preguntole que que auie. E dixole:

---

[22] In most versions, the countess has asked God to grant her a son, so that the pilgrimage to Saint James is done as a result of her pregnancy. The manuscript never makes this connection explicit, but the link is quite obvious. According to Bonilla y San Martín, *La historia*, xxviii, a pilgrimage to Santiago resulting from a pregnancy can also be seen in the legend of *Bernardo del Carpio* (in chapter 617 of the *Primera crónica general / Estoria de España*).

[23] *auien menester*: necesitaban [*they needed*].

[24] The daughter of Flores and Blancaflor, future mother to Charlemagne, is named after her maternal grandmother.

[25] *pensar della muy bien*: tratarla bien [*to treat her right / appropriately*].

[26] The *Chronicle* seems to grant a lot of importance to this detail, which is overlooked in most versions. It obviously constitutes another element to give the legend verisimilitude and soften its insertion into Spain's national history.

[27] *façeruelo*: almohada [*pillow*].

—Señora, so preñada bien ha siete meses.

La reyna, quando lo oyo, plogole mucho,[28] e dixo contra[29] la condessa:

—Otrosy so yo preñada dese mesmo tienpo que vos dezides.

E fueron amas mucho alegres por que auien de encaesçer[30] en un tienpo. E desque llego el tienpo en que ouieron de encaesçer, la reyna pario niño muy fermoso e mucho apuesto, e porque nasçio en el mes de abril quando nasçen las flores, pusieronle nonbre Flores. La Condesa Berta pario fija, muy fermosa criatura. Dize Sigiberto que porque encaesçio quando era la pascua de los moros, segunt su ley, e otrosi por las flores, que mando aquella reyna que le pusiesen nombre Blancaflor.[31] E el Rey Fines, desque sopo que la reyna e la condessa eran encaesçidas, plogole mucho, e desque fueron pasados los treynta dias, mando llamar a la Condesa Berta e dixole asi:

—Mandarvos he yo dar dos mugeres con leche que vos siruan e vos crien este niño, mio fijo, e vuestra fija, e desque fueron criados, fazervos he mucho bien e mucha merçed por ello.

Ally respondio la Condesa Berta, e dixo asi:

—Señor, criarlos he yo assy como vos mandardes e seades pagado.[32]

E asy los crio la condessa catiua en esta guisa a muy grand viçio,[33] e en vn lecho los echaua e amaualos mucho, tan bien al fijo de su señor como a su fija. E asy se criaron amos fasta que llegaron a hedat de diez años. E dize la estoria que era la niña tan fermosa de la hedat que era, que non podie omne fallar a[34] parte

---

[28] *plogole*: le gustó [*he was pleased with it*].

[29] *contra*: a [*to*].

[30] *encaesçer*: dar a luz [*to give birth*].

[31] *7583:* blanca flor. This is the most common spelling in the manuscript, although sometimes the name is written as one word. The fact that both heroes are born on the same day is a key element in the story. The *Chronicle* gives two reasons for this symbolism: The heroes are born on the day of *Pascua Florida*, "the feast of flowers", which apart from referring to Easter (a religious reference of importance in the story) has an obvious flower symbolism. Also, the MS. adds that they were born in April, when flowers bloom. This detail in symbolism is not shared with any other version, for which the mere fact that the heroes are born on Palm Sunday is enough to explain the nature of their names. According to Correa Rodríguez, "medieval texts associate the day of 'Pascua Florida,' that is, Palm Sunday, with the festivity of the flowers" (*Flores y Blancaflor*, 24).

[32] That Flores and Blancaflor breastfeed from the countess' milk is another characteristic of the *Chronicle*, shared only with the Norwegian text. The rest of the versions give little importance to the conversion of Flores to Christianity. In the *Chronicle*, the fact that Flores has fed on "Christian milk" makes his conversion later on in the story seem more natural, "for the nature of the Christian woman's milk moved him to that" [MS. *ca la naturaleza de la leche de la cristiana lo mouio a ello*]. See Shutters, "Christian Love or Pagan Transgression?"

[33] *a muy grand viçio*: sin negarles nada [*granting them all that they wanted*].

[34] *a:* en [*in, at*].

del mundo mas fermosa niña. Otrosi, el ynfante era mucho apuesto moço entendido. Mas agora dexa la estoria de fablar desto por contar del Rey don Alfonso el que dixeron catholico.[35]

II. Del Rey don Alfonso el que dixeron catholico[36]

Despues de la muerte del Rey Fafila,[37] reyno en pos el su primo don Alfonso el que dixeron catholico, yerno del Rey don Pelayo, diez e nueue años. E el primero año del su reynado fue en la era de 763, quando andaua el año de la encarnaçion del Señor en 735.[38] E el del Papa Grigorio en 7, e el de Carlos Marçel, rey de Françia, en 17. E el de Ysca Miramomelin en 8, e el de los alaraues[39] en 114.[40] Este Rey don Alfonso fue llamado por sobrenombre "catholico" porque guardo bien e fielmente los mandamientos de la fee catholica, e esforço todos los cristianos por sus buenos fechos e por sus buenos enxenplos en guardar la santa ley de Jesucristo. E por esto que el fazia era mucho amado de Dios, e quando ouo de reynar plogoles mucho con el. Este don Alfonso fue fijo del Duque don Pedro de Cantabria, asi como dezimos ya, e ouo vn hermano a que dixeron Fruela. E vinie aquel duque don Pe-

---

[35] It follows the first historical chapter interwoven into the story.

[36] *7583:* capit<ul>o xvi q<ue> fabla del rey do<n> alfon<so> el q<ue> dixero<n> catholico.

[37] *fafila*: Fávila.

[38] King Pelayo of Asturias (r. 718–737) begins the *Reconquista* (reconquest) of Spain in the legendary battle of Covadonga, in which a small group of Christians—for the first time, and thanks to divine intervention—defeats the Muslim army. Some sources date the battle ca. 718, but the year 722 is much more likely. J. O'Callaghan dates the battle on 28 May 722: J. O'Callaghan, *A History of Medieval Spain* (Ithaca: Cornell University Press, 1975), 99. Fávila [MS. *Fafila*] (r. 737–739), son of Pelayo, becomes king after his father's death, but reigns for a short period of time. Legend has it that a bear killed him during a hunting expedition. Alfonso I el católico [the Catholic] (r. 739–757) was the son of Duke Pedro de Cantabria, and was married to Pelayo's daughter, Ermesinda [Hermesenda]. Note that the manuscript gives the year 735 (and not 739) as the first year of his rule.

[39] *alaraues*: árabes [*Arabs*].

[40] The compiler gives at least six (sometimes seven) temporal references (see Introduction). The pope mentioned in the text is Gregory III (r. 731–741). Charles Martel was king of France from 714 to 741. The famous battle of Poitiers (732), a turning point in medieval history, which stopped the spread of Islam over Europe, won him the name of "the hammer" (French *martel*) for his cruelty towards his enemies. Fletcher argues that the battle of Poitiers is "traditionally dated 732, but 733 looks more likely [and] was a less decisive battle than has sometimes been claimed" (*Moorish Spain*, 26).

dro del linaje del muy noble rey carado.[41] Este Rey don Alfonso, en vno con su hermano don Fruela, lidio muchas vezes con los moros e vençiolos syenpre, e gano muchas çibdades de las que los moros tenien, e tornolas en poder de los cristianos. E las vnas basteçio e retouo, e las otras derribo porque non tenie omnes con que las anparasse. E las que retouo fueron estas: En Galizia, la çibdat de Lugo e Tuy; e en Asturias, la çibdat de Astorga. E en la deçendida de las montañas, Leon, do vençio el Rey don Pelayo los moros. E porque en esta çibdat morauan (fol. 8) los reyes mas que en otro logar, fue dicha çibdat real e cabeça del reyno.[42] Este año veno el Rey Carlos en vno con Luychprando, rey de los burgaros, a vna çibdat que es en las Françias que tenien los moros, a que dizien Alerco, donde fazien ellos mucho mal en la tierra.[43] Los moros, quando lo oyeron—porque auien ya oydo los grandes fechos que Carlos fiziera—temieronse mucho del e non le osaron ally atender, e desanpararon[44] la çibdat e fuyeron. Despues desto priso otras çibdades muchas que eran en França la de los godos, que los moros tenien y que tomaron por fuerça a los godos asi como diximos. Libro Carlos Marçel con ayuda de Dios e

---

[41] Duke Pedro de Cantabria (born ca. 680) was a general in the army of the Visigothic kings Egica and Witiza [Vitiza]. He was the father of the Asturian king Alfonso I, who married Pelayo's daughter and became king when the legitimate heir, Fávila, died. The manuscript mentions that Pedro was of the lineage of the "noble rey carado," which is obviously a slip of the compiler and refers to the Visigothic king Recaredo. In the *Crónicas de los Reinos de Asturias y León* we read: "Era Pedro del linaje de Recaredo, el serenísimo príncipe de los godos": J. Casariego, ed. *Crónicas de los reinos de Asturias y León* (Madrid: Everest, 1985), 126. The *Chronicle* is surely referring to Recaredo I (r. 586–601) and not Recaredo II (r. 621) who, although closer in time to the duke, did not have the importance of the former, the first Visigothic king to convert to Catholic Christianity.

[42] The cities of "Lugo" and "Tuy" retain their names today and are located, as the manuscript says, in Galicia. "Astorga" no longer belongs to the Principality of Asturias, being located to the south in the province of León. Critics have not yet agreed on Pelayo's victory over the Moors in León, which they occupied in 717. If this is historical fact, Pelayo not only expels the Moors from the city, but also defeats the powerful army of 'Abd al-Rahman, who had made his way up north to help the Muslims in this city. However, most critics believe that it was not until 742 that Alfonso I expelled the Muslim army from the city, although León will not become the capital of the Christian kingdom until the tenth century.

[43] The names and data provided in this passage are inaccurate. The text refers to the alliance of Charles Martel with the Lombard king Liutprand [MS. *Luychprando*] (r. 712–744) to expel the Muslim army from the French city of Arles [MS. *Arleco*] in the year 737. The description of the battle in the manuscript seems, however, correct. The Moors did not offer much resistance to Charles's army, although their fear was due more to his alliance with Liutprand than for having heard of Charles's deeds, as the compiler claims. It must be noted that the *Chronicle* sets the date of the battle of Arles rather awkwardly, since it will later refer to events that took place before the siege.

[44] *7583:* desanpasararon.

de los françeses las Françias de los moros, los[45] que auien presa toda Asia, e Libia, e muy grand partida de Europa.

III. Del Rey don Alfonso e de sus fechos[46]

Andados dos años del reynado del Rey don Alfonso el catholico que fue en la era de 764, cuando andaua el año de la encarnaçion del Señor en 736, e el del ynperio de Leo en 22, e el de Carlos Marçel rey de Françia en 19, entro el Rey don Alfonso por Tierra de Canpos. Esta es Toro, la que tiene del vn cabo el rio de Zela, del otro el rio de Carrion e de Pisuerga e de Duero, e conqueriolo todo. Otrosi[47] en Portugal estas çibdades: El Puerto de Portogal, Anegi, Bragana, Biseo, Flauia. En tierra de Leon gano Ledesma, Salamanca, Numançia—a la que agora dizen Çamora—, e las Marismas de Galizia. En tierra de Castilla: Avila, Simancas, Dueñas, Saldaña, Amaya, Miranda, Segouia, Osma, Sepulvega, Argança, Cruña, Moua, Anca, Reuendeca, Carbonera, Aluegia, Çismera, Alixacon, Trasmiera, Sopuerta, Corniza, Bardulia—a la que agora dizen Castilla Vieja—, Alaua, Viscaya, Ayzon, Panplona, Berrezia, Nauarra, Ruconia, Saraçio. E todo lo al bien fasta los montes Pirineos, e retouo muchos castillos e basteçiolos. E torno a la tierra muchos pueblos de los cristianos que andauan alçados, e saco muchos catiuos de poder de moros, de que poblo mucha tierra e pusolos en aquellos logares que el pudo labrar e retener Ese año mato el Rey Carlos a Marunçio,[48] el duque de la prouinçia de Françia la de los godos, porque consejara a los moros que la entrasen, asi como dezimos, e metio la tierra so[49] el su señorio. Mas agora dexa la estoria a fablar desto[50] por contar del Rey Fines de Almeria e de Flores e de Blancaflor.

IV. Del Rey Fines e de Flores e Blancaflor[51]

Cuenta Sigiberto en su estoria que despues que el Rey Fines ouo reynado dos años, que se allegaron muchos de los caualleros alaraues porque les fazie mucho bien e era muy franco contra[52] ellos. E quando lo vio su muger la reyna, plogole mucho e rogo al rey que casase a su hermana doña Seuilla con vn cabdillo de

---

[45] *7583*: lo.
[46] *7583:* capit<ul>o xvii q<ue> fabla del rey do<n> alfon<so> & de sus fechos.
[47] *7583*: otro.
[48] Duke of Provence allied with Yusuf, son of 'Abd al-Rahman, who helped the Muslims conquer the majority of his duchy, including the city of Arles and Avignon.
[49] *so*: bajo [*under*].
[50] *7583*: estoria afablar desto afablar desto por.
[51] *7583*: capit<ul>o xviii que fabla del Rey Fines & de flores & blanca flor.
[52] *contra*: con, hacia [*towards*].

aquellos alaraues que auie nonbre Joyas. El rey fizolo muy de buenamente e diole por heredamiento el castillo de Montor con todos sus heredamientos e terminos. E por honrra deste cabdillo, mando que le llamasen el Duque Joyas.[53] E despues que el Rey Fines entendio que el Infante Flores, su fijo, era en tienpo que podia leer, mando buscar vn maestro mucho sabio e muy entendido que auie nonbre Gaydon, e diole muy grand algo e pusole a Flores en poder que le fiziese leer e aprender por que valiese mas.

E despues que el rey mandaua leer a Flores e quitar[54] de Blancaflor pesole mucho, ca sin ella non podia aprender ninguna cosa. La reyna, deque esto vio, rogo mucho al rey que aprendiesen amos en vno,[55] e el rey—non parando mientes[56] en el grand amor que despues ouieron en vno—cojio el ruego a la reyna e mando que leyesen amos en vno. E quando lo sopo el Infante Flores, plogole mucho de coraçon, e de alli adelante mostrolos a leer aquel maestro, Gaydon. E segunt cuenta Sigiberto, vn sabio que saco esta estoria del fecho de Flores e de Blancaflor de arauigo, diz que tan sotil engenio auien estos niños en aprender que en seys años aprendieron fablar en logica e fablar en latyn, tanto (fol. 9) como en arauigo. E en latyn escriuien versos de amor en que tomauan amos muy grand plazer, e por aquesto se amauan mucho ademas, e otrosy porque en vn dia nasçieran, e en vno los criaran, e mamauan vna leche, e en vno comien e beuien, e en vn lecho se echauan. E porque fazien vna vida queriense bien ademas. E desque fueron de diez e ocho años amaronse naturalmente como omne a muger.[57] E quando el Rey Fines entendio el grand amor que auien en vno, apartose con la reyna en poridat[58] e dixole asy:

—Reyna, muy grand amor me semeja que han en uno nuestro fijo e Blancaflor, por que vos digo que en todas cosas del mundo la quiero yo mandar matar, ca por auentura podrie nuestro fijo perder casamiento por ella.

Aqui respondio la reyna, e dixo:

—Señor, amos punemos[59] de guardar la honrra de nuestro fijo, ca en la su mala andança mucho nos cabe a nos parte, e de guisa lo fagamos que non

---

[53] In this version, the link between the castle of Montor and Flores's family comes through his aunt, doña Sevilla. In the Spanish sixteenth-century printed edition, for example, it is the Duke of Montor, cousin to King Fines, who has a direct link to the monarch.

[54] *quitar*: alejarse, dejar a [*to leave*].

[55] *amos en vno*: ambos en uno, los dos juntos [*together*].

[56] *parando mientes*: pensando, dándose cuenta [*thinking about, realizing that*].

[57] This passage suggests that Flores and Blancaflor sleep together often, even though they are not married. This is further supported by the fact that in the manuscript, Flores converts to Christianity moved by the Christian milk he was fed as a child, and not because Blancaflor will agree to marry him only if he converts, as is the case in the other versions of the story.

[58] *poridat*: confianza, secreto [*discreetly, secretly*].

[59] *punemos*: intentemos [*let us try*].

acrescamos mayor daño, ca el omne que es cuerdo, del mal toma lo menos.[60] E en vos matar a Blancaflor semejame cosa muy sin guisa,[61] que sy la Condessa Berta la viese matar non podria ser que se non matase por ella.

Entonçe[62] dixo el rey a la reyna:

—Entiendo que dezides verdat, pues tomemos consejo como fagamos ante que su pleito venga a mal e a mas.

Dixo la reyna:

—Señor, enbiemos nuestro fijo al castillo de Montor e enbiemos dezir a mi hermana doña Seuilla por qual razon lo enbiamos alla, e que punen por todas guisas del mundo de fazerle oluidar a Blancaflor, e amar a otra que le pertenezca para casamiento e que sea pagana de nuestra ley.[63] Ca desaguisada cosa me semeja que nuestro fijo sea casado con fijo de cristiano.

Dixo el rey:

—Muy bien lo dezides, e asmasteslo[64] muy bien, mas sy Blancaflor fincase aqui, Flores luego entenderia que lo queriemos partir della.

Dixo la reyna:

—Digamos que Blancaflor es doliente, e que sy alla la quisiese leuar que asy la podria matar. E por tal que non entienda aquesto que nos auemos asmado, dezirle hemos que a poco tienpo sera guarida[65] e gela enbiaremos.

Quando esto dixo, el rey entendio que esto era muy buen consejo e mandaron luego llamar a la Condessa Berta. E mandole el rey que echase a su fija en vn lecho e que la castigase[66] que sy Flores[67] le preguntase, que dixese como se sintie[68] doliente. E desi enbiarongelo todo en la guisa que es dicha. E quando Flores esto oyo, ouo tan grand pesar que perdio la color. E dixo al rey:

—Señor, sy vos toviesedes por bien fuese comigo Blancaflor.

Dixo el rey:

—Fijo, ¿non te deximos que era doliente? E por esto non dexes la yda, que ayna[69] sera sana, e veynte dias atenderas e enbiartela hemos.

E quando lo oyo el ynfante, comoquier que le pesase mucho, otorgo que yrie do el rey su padre mandaua. E el rey diole vn su priuado que auie nom-

---

[60] According to F. Bautista, this saying—"del mal toma lo menos"—is attributed to Aristotle, and is common in medieval Spanish literature (Bautista, *La materia de Francia*, 147, n. 1).

[61] *guisa*: razón [*reason*].

[62] *entonçe*: entonces. Also spelled "estonçe" [*then*].

[63] *pagana de nuestra ley*: no cristiana [*non-Christian*].

[64] *asmasteslo*: lo pensaste, lo planeaste [*you thought about it, you planned it*].

[65] *guarida*: sana [*healthy, recovered*].

[66] *castigase*: advirtiese, aconsejase [*advised*].

[67] *7583:* flore.

[68] *7583:* sinte.

[69] *ayna*: enseguida, deprisa, brevemente [*quickly, soon*].

bre Gandifer, e su maestro, Gaydon, que fuesen con el, e pieça[70] de donzellas que le sirvuiesen e le guardasen. Otrosi mandole dar grant pieça de auer para despender,[71] e comoquier que el Ynfante don Flores fuese muy bien vestido e muy bien encaualgado e bien aconpañado —como a fi de rey conuenie— yua muy triste[72] porque non leuaua a Blancaflor. E quando llegaron çerca del castillo de Montor sallole a reçebir el Duque Joyas, que era casado con su tia, con muchos caualleros e con grand gente, e con muchos juglares e con grand alegria. Otrosy quando començo a entrar por el castillo de Montor sallole a reçebir su tia doña Seuilla con muchas dueñas e donzellas muy fermosas, fijas de reyes e de altos omnes, pero que[73] muy bien lo reçibien e auien grand gozo con el, Flores non auie sabor de si, pues que non veya a Blancaflor. E todo el dia non fazia al synon llorar e cuydar, e non queria beuer nin comer. E quando esto vio su tia doña Seuilla, tomo a Flores por la mano e metiole por la camara, que era toda encortinada de muy nobles paños, e seyen ende donzellas fijas de reyes e de altos omnes muy fermosas, e estauan todas leyendo, e estaua y con ellas Gaydon, el maestro de Flores. E dixo doña Seuilla a don Flores su sobrino:

—Fijo, sed aqui con estas, mis donzellas, e trebejad[74] con qualquier que quisieredes a toda vuestra voluntad.

E esto le dizie ella porque oluidasse a Blancaflor. E Flores non le tornaua cabeça[75] en lo que le dizie su tia, ante fue muy triste e cuytado,[76] e non le plazie de (fol. 10) ninguna de quantas ally veye. Ca su voluntad e sus mientes eran en Blancaflor e en el plazo que dixera su padre que gela enbiarie. E en cuydando esto començo a departir entre si, diziendo en esta manera:

—¡Ay Dios! ¡como faze tuerto quien tiempo ha puede acabar lo que quiere, e lo aluenga por plazo![77] ¡E yo por aquesto perdi la cosa del mundo que mas amaua, que auiendo tiempo en que podria conplir mi voluntad, fizieronme dar plazo a pesar de mi! E esto me fizo fazer el rey, mi padre, mas sy fuese ya el plazo pasado e Blancaflor guaresçiese,[78] si ella en su poder fuese luego vernie para mi, ca bien creo que la non deternie omne del mundo, e todo el grand deseo que he della, todo lo perderia quando comigo la touiese, e de todo este cuydado non avria yo ninguna cosa.

---

[70] *pieça de*: muchas, abundantes [*many, a lot of*].

[71] *despender*: gastar [*to spend*].

[72] *7583:* muy (bien) triste.

[73] *pero que*: aunque [*even though*].

[74] *sed aquí... e trebejad*: quedad aquí y trabajad [*stay here and work*] (sexual connotation).

[75] *non le tornaua cabeça*: no hacía caso, no le importaba [*did not care about*].

[76] *cuytado*: preocupado [*worried*].

[77] *como faze tuerto... por plazo*: como hace mal quien puede acabar algo y lo deja para más tarde [*it is wrong to be able to finish something and leave it for later*].

[78] *guaresçiese*: sanase [*become healthy*].

E en estos penssares e con estos cuydados, e en otros muy muchos que cuenta la estoria adelante estudo el Ynfante Flores en aquellos veynte dias del plazo que pusiera su padre en que le enbiaria a Blancaflor. Mas agora dexa la estoria a fablar desto e torna a contar[79] como Ysca Miramomelin enbio por rey de España a vno que avie nonbre Abdurramen.[80]

V. De Ysca Miramomelin, como enbio a España por rey a Abdurramen[81]

Andados dos años del reynado del Rey don Alfonso el catholico, Ysca Miramomelin, pues que sopo que era muerto Mahomad Aben Audalla,[82] enbio por rey de España a vno que auie nombre Abderramen, e reyno tres años. E Ysca mandole e defendiole[83] que en el reyno de Almeria e en todo lo al que su fijo escogiera para sy, que el non ouiese y que ver, mas que en todo lo al fiziesse como rey, e con tal condiçion lo enbio por rey de España. E este Abderramen era omne muy guerrero e mucho esforçado en armas, e con el grand esfuerço de coraçon que auia e la grand onrra en que se vio por esto, començo de ser muy soberuio e de maltraer a todos. Quando esto vyo Muñoz,[84] vn omne poderoso de la tierra, que todos los moros se agrauiavan e tenien por maltrechos por lo que Abderramen les fazie, puso luego sus pazes con los françeses con quien auie guerra, e trabajose de guerrear e fazer mal a Abdurramen. E porque era otrosi omne muy esforçado en armas e en todos sus fechos, acogieronse a el muchas conpañas para ayudarlo. Por esto que dezymos entro grand bolliçio en la cauallleria de Abdurramen, e fue todo su palaçio alborotado, mas Abdurramen non lo quiso alongar[85] mucho e guisose muy bien e apoderose, e fue con grand hueste sobre Muñoz que se alçara. Enpero ante rogo al Rey Fines, fijo de su señor, que fuese en su ayuda, e el que yrie

---

[79] *7583:* cornar.

[80] 'Abd al-Rahman ibn 'Abd Allah al-Ghafiqi (r. 730–732), emir of Córdoba. Al-Ghafiqi had already been proclaimed emir in 721, but was dethroned the same year. It was this Arab ruler who fought Charles Martel in the famous battle of Poitiers after defeating Duke Eudes (Euado / Odo) of Aquitaine.

[81] *7583:* capit<ul>o xix q<ue> to<r>na afablar de ysca miramomelin como enbio a espan<n>a por rey a abdurrame<n>.

[82] Muhammad ibn 'Abd Allah al-Ashjai (r. 730), emir of Córdoba who ruled only this one year.

[83] *defendiole*: le exigió [*he demanded that*].

[84] This Munuza must not be mistaken for the governor (*walí, valí*) of the Asturian city of Gijón. The manuscript makes clear that he was married to Lampegia, daughter of Duke Eudes, so it is referring to the governor of Narbonne.

[85] *7583:* alborotar. The confusion must surely come from the fact that the scribe has just written "alborotado". For the correction, cf. the *Versión primitiva* of the *Estoria de España*, according to Bautista's edition (*La materia de Francia*, 150).

con el e que le cataria[86] por señor como era guisado. E dize la estoria que como el Rey Fines era mançebo e tenie muy buena caualleria e muy bien guisada,[87] que se acogio luego a lo que le rogaua Abdurramen. E quando esto oyo Abdurramen plogole mucho, pero que metio mayor pena[88] en leuar mas gente por que mas guardado fuese el fijo de su señor, comoquier que leuaua el Rey Fines muy grand gente e muy bien guisada. E dize Sigiberto, un sabio que escriuio esta estoria en arauigo, la razon por que el Rey Fines fazia esta yda con Abdurramen era porque las gentes e los pueblos de España lo conosçiesen e sopiesen como era fijo de Ysca Miramomelin, su señor. El Rey Fines mouio de su regno de Almeria e Abdurramen de Cordoua, e fueron çercar a Muñoz en vn castillo a que dizen Çiritania. Este Muñoz matara muchos cristianos en aquel logar que le non auien meresçido, e quemo a Nanado,[89] obispo de ese mesmo logar que era mucho honrrado e de santa vida. E porque non era avn este Muñoz abondado de verter sangre de cristianos nin auie acabado la sed que auie de beuer sangre de omnes, trabajose como derramase mas si pudiese, mas el juyzio de Dios fue luego ally, ca el deseo que auie en verter sangre de omnes tornosele en sabor de beuer agua, ca tan grand fue la sed que ouo por la grand priesa de la çerca en que se vio, que pero[90] aquel castillo de Çiritania es muy abondado de agua, nunca pudo auer vna poca que beuiese, nin quien gela diese. E con la grand cuyta que ende ouo, e por escapar de mano de sus enemigos, aventurose ya desesperado de la villa e sallose del castillo afurto,[91] e fuyo. (fol. 11) Este castillo esta en vna peña muy alta, e el yendo fuyendo entre las peñas que eran muy altas, entre los requiçios dellas con cuyta de asconderse en algunt forado[92] por escapar de manos de sus enemigos, desuararonsele los pies e cayo en fondo e murio.[93] Abdurramen priso luego aquel castillo e fallo y la muger de aquel Muñoz, que era fija del Duque Euado, el que auie de auer la prouincia de Galia Gotica.[94] E porque este Duque Euado se temie de los

---

[86] *cataria*: acataría [*he would accept him*].
[87] 7583: guisado.
[88] *metio mayor pena*: se lamentó, se resintió, no le gustó [*he lamented, he did not like*].
[89] Nanado refers to Anambadus, bishop of Urgel. Cf. Livemore, *The Origins of Spain and Portugal* (London: George Allen & Unwin, 1971), 312.
[90] *pero*: aunque [*even though*].
[91] *afurto*: a escondidas [*discreetly, secretly*].
[92] *forado*: horado en la pared, agujero, hueco. Lat. *foratus* [*a hole in the wall*].
[93] Referring to the castle of Cerdeña (Cerdenya) [MS. *Çiritania*] locates the action near the frontier with France. In Catalonia there is a well-known legend that tells how the battle began when 'Abd-al-Rahman learned about Munuza's marriage to Lampegia. Most likely, however, the attack was motivated by the alliance between Munuza and Eudes.
[94] As the manuscript says, Munuza's wife was Lampegia, daughter of Duke Eudes. Lampegia was very likely given to Munuza in marriage to seal the alliance between both rulers. Eudes became duke of Aquitany, which the manuscript calls "Galia Gótica" or "la galia de los godos" [Gothic Gaul]. The Latin term *Gallia Gothica* referred specifically to

alaraues que le entrarian la tierra, diera su fija por muger a aquel Muñoz, por tal que le ayudase contra ellos. E los moros cortaron estonçe la cabeça de Muñoz, porque yazie el cuerpo todo desfecho de la cayda, e presentaronla al Rey Fines, su señor, e el mando que la leuasen ante Abdurramen. E el quando la vio, con el grand plazer que ouo con la muerte de aquel, su enemigo, tomo aquella muger de aquel Muñoz porque era muy fermosa e presentola al Rey Fines, fijo de su señor. El Rey Fines, pues que el pleito de Muñoz era librado, dexo a Abdurramen en aquella tierra e el tornose para Almeria, su reyno. Ca el non pasara a España para andar en guerras nin para trabajar su cuerpo, sinon para tenerse viçioso, pues que el auie quien le escusase del afan e del trabajo que ay en andar en huestes e en guerras. Mas agora dexa la estoria de fablar[95] de Abdurramen e torna a contar de Flores e de Blancaflor.

VI. De Flores e Blancaflor[96]

Pasados los veynte dias del plazo que el Rey Fines pusiera a su fijo el Ynfante Flores en que le enbiaria a Blancaflor, non gela enbio. Ca el Rey Fines era ydo sobre Muñoz e non era avn venido, e la reyna su madre non gela osaua enbiar sin mandado del rey. E quando esto vio el ynfante fue tan cuytado[97] de amor por ella que cayo en tierra amorteçido e yogo[98] asy vna grand pieça,[99] en manera que cuydauan que era muerto, e por cosa que le fizieron non le pudieron meter en acuerdo,[100] e a cabo de grant pieça acordo de dezir asy:

—¡Ay Blancaflor, Blancaflor! ¡La cosa del mundo que yo mas amo! ¡Señora, detardades que non venides a mi, que vos amo mas que a los dias en que biuo, e sy por ventura non queredes que vos yo vea, morire por el vuestro grand deseo![101]

E en diziendo esto amorteçiose otra vez en la camara do estaua con las donzellas ante su tia doña Seuilla. E ella quando esto vio fue muy espantada, e tomo del agua e echole della por el rostro. E el ynfante acordo e paro mientes a las donzellas que y estauan, e pues que non vio y a Blancaflor amortesçiose otra vez. E quando esto vio su tia doña Seuilla començo a dar grandes bozes porque se amortesçie muy a menudo, diziendo:

---

the French region of Septimania, across the Pyrenees, which had been part of the Visigothic kingdom. Its capital, Narbonne, fell to the Muslims in 720.

[95] *7583*: dexa de fablar.
[96] *7583*: capit<ul>o xx que torna a contar de flores & blanca flor.
[97] *cuytado*: entiéndase aquí por dolido [here, *hurt*].
[98] *yogo*: estuvo [*he remained, he stayed like that*].
[99] *una grand pieça*: un gran rato, un rato largo [*for a long time*].
[100] *meter en acuerdo*: resucitar, sacar del desmayo [*revive, regain consciousness*].
[101] *por el vuestro grand deseo*: por el gran deseo que he de vos [*due to the great desire I have for you*].

—¡Ay, Flores! ¡mio sobrino! ¡vedes aqui a Blancaflor!
Esto dizie ella por meterlo en acuerdo, e desi mostrole vna donzella que y estaua, e quando el la oyo nonbrar recordo e començo de catar. E dixo contra su tia:
—¡Esa que me vos mostrades non es la que yo mucho deseo en el mi coraçon!
E desi começo a sospirar mucho e departir entre si, diziendo en esta manera:
—¡Ay! ¡quien fuese adeuino! ¿Por que me non enbian a Blancaflor? ¡Bien cuydo que se detiene porque ha grand mal, o por ventura mi madre mandola matar! E si ella por mi murio, morire yo por ella otrosy. Mas creo que non lo fiziese, ca avria duelo della e de su grand apostura. E el otro dia me dixeron que cayera vna percha e que matara vna donzella, e por ende he grand miedo que sea Blancaflor, mas creo que Nuestro Señor non me querra asy confonder. ¡Yo se bien que la detiene mi señora! Oy dezir que muriera vna donzella que comiera vna espina de pescado, e por ende he miedo que es mi amiga.[102]
E en diziendo estas razones dixo contra si:
—¡Ay Dios! ¡como fago mal en comedir tantos peligros contra mi señora! ¡Ante querria ser muerto çient vezes, si pudiese ser, que en ella cayesen todas estas cosas que yo dixe!
E depues que esto ouo dicho, fuese luego echar a su lecho e començo de llorar, e non queria comer nin beuer, diziendo que se dexaria morir pues que non le enbiauan a Blancaflor.[103] Quando esto oyo Gandifer,[104] su ayo, fizo vna (fol. 12) carta e enbiola al rey, su padre, fecha en esta guisa:

> Al honrrado señor Rey Fines. Yo, Gandifer, vuestro natural, beso vuestras manos e vuestros pies como de señor de quien atiendo mucha merçed. Fagovos saber que Flores, vuestro fijo, que esta muy cuytado por Blancaflor. E señor, pues vos en mi fiastes e le acomendastes a mi, quierovos desengañar, ca vuestro fijo esta muy cuytado e non come nin beue, e non faze todo el dia sinon llorar e sospirar, onde vos ruego que le enbiedes a Blancaflor que le conorte[105] o enbiad por el infante, synon digovos que nunca lo veredes biuo.

Quando esta carta llego al logar de Almeria el Rey Fines non era llegado de a do fuera sobre Muñoz. E la reyna fizo leer la carta, e quando vio la grand cuyta que su fijo se daua por Blancaflor ouo ende muy grand pesar, pero non gela oso enbiar syn mandado del rey. Mas mando luego fazer otra carta de respuesta en que le enbiaua dezir que Blancaflor que era sana, mas que si la metiesen al camino—como

---

[102] Flores's speech, in which he reflects on the possible reasons for which Blancaflor may delay her visit, is not shared with any other version. It is important to note Flores's thoughts about dead maidens, as if he knew that the king was plotting to kill Blancaflor.
[103] *7583:* enbiauan as a Blancaflor.
[104] *7583:* gaudifer.
[105] *conortar:* consolar [*to console*].

estaua flaca—que le farie mal, mas que atendiese ocho dias e que gela enbiaria. E quando esta carta ouo el Ynfante don Flores conortose mucho e començo de comer e beuer por tal que Blancaflor non le fallara[106] flaco, ca bien cuydaua que a cabo de los ocho dias que gela enbiarian,[107] asi como gelo enbiara dezir su madre por la carta. Despues de esto, a cabo de tres dias[108] llego el Rey Fines a la çibdat de Almeria e fue reçebido con muy grandes alegrias. E luego, otro dia que llego mostrole la reyna la carta que le enbiara Gandifer, ayo de Flores. E el Rey Fines leyo la carta, e despues que ouo entendido bien lo que en ella dizie, mando llamar a la reyna[109] e leyogela otra vez, e dixole:

—Reyna, trayanme a Blancaflor e mandarla he matar. E quando Flores nuestro fijo viniere e sopiere que es muerta, oluidarla ha e amara a otra.

Quando esto oyo la reyna ouo muy grand pesar, e començo de rogar al rey afincadamente,[110] e conjurandole por su ley que la non mandasse matar, diziendo asi:

—Señor, comoquier que en la carta dize que vuestro fijo muere con amor de Blancaflor, esto non lo deuedes vos creer, ca muchos vinieron del castillo de Montor que non vos dyxeron desto ninguna cosa, porque vos consejo que non la mandedes matar, mas vendelda a mercadores, que porque es fermosa darvos han por ella muy grand auer, e esto sea en poridat. E desi enbiemos por Flores vuestro fijo e digamosle que murio la donzella de la dolençia que auia, e si por auentura non lo quisiere creer, dezirle hemos que es byua en tierra muy lueñe,[111] do nunca la podra fallar. E desta guisa oluidara nuestro fijo a Blancaflor, e sera sin cuydado della, e vos non avredes pecado en su muerte.

A esto respondio el Rey Fines, e dixole que le aconsejara muy bien e que lo querie fazer asi. Estonçes mando el rey que fuesen por todos los puertos de la mar que eran en su regno e que dixesen a todos los mercadores que y aportasen[112] que viniesen a la çibdat de Almeria, e que les vendiere vna donzella muy fermosa. E

---

[106] *7583*: falla.

[107] *7583:* enbiaria. The singular form of the verb "enbiaria"—corrected in the edition—is very likely due to the fact that some diacritics in the manuscript have erased over time. Plural forms ending in "-an," signaled in the manuscript by "-ā," are therefore converted into singulars by the erosion of the diacritic. Since it is not possible to know if an erroneous singular form was present in the manuscript, or if the diacritic has erased over time, I make the correction in the edition and I render the original (?) reading in a footnote.

[108] This is the first example of a series of tripartite divisions—"three days"—usually referring to time, which characterize the whole narrative of the manuscript. It must be noted that the tendency to divide time, actions, places, etc. into three parts is a characteristic feature of medieval literature.

[109] *7583:* llamar a la reyna a la reyna e leyogela.

[110] *afincadamente*: mucho (cuantificador), de rodillas, desesperadamente [*a lot, on his knees, desperately*].

[111] *lueñe*: lejana [*far away*].

[112] *aportasen*: hiciesen puerto, llegasen a puerto [*to reach the harbor*].

luego que los mercadores lo sopieron vinieron y e vendiolos a Blancaflor, e dieronle por ella grand auer a marauilla en oro, e en plata, e en piedras preçiosas, e en paños de seda, e en paños de lana muy preçiados, e vna grand copa de fino oro de las nobles que en el mundo fueron, en que auie entalladas muchas estorias antiguas de los gentiles e de los sus dioses. E otrosi auie en ella engastonadas muchas piedras preçiosas e de grand virtud, e ençima de la sobrecopa[113] auia engastonado vn ruby, e sobre el rubi vna como paxarilla[114] fecha de vna esmeralda verde, que non ha omne que la viese que non cuydase verdaderamente que bolaua, tan sotilmente era obrada.[115] E desque todo esto ouieron dado los mercadores por Blancaflor, e el Rey Fines diogela muy noblemente vestida e ellos tomaronla e guardaronla muy bien, ca bien sabien que todo quanto por ella dieran avrien despues al tanto doblado. E desi entraron en sus naues e fueronse sobre mar, e arribaron en la partida de Asia contra el señorio del grand soldan de Persia. E andudieron con ella por todo el reyno, de guisa que lo ouo de saber el rey de Babilonia[116] e enbio por aquellos mercadores que trayen a Blancaflor, e ellos vinieron ante el e mostrarongela. E el rey quando la vio fue muy pagado della e conpro . . .[117]

(fol. 13) . . . de armas quando oyo lo que el duque le dizie, e sopo lo que Abdurramen auie fecho en la çibdat de Paris, allego todos los germanes e leuolos de so vno con aquellos françeses que escaparan de la batalla, e fue lidiar con Abdurramen, e duro la fazienda siete dias, que se non pudieron vençer los vnos nin los otros. Pero al cabo, las gentes de Germania, que eran mas fuertes e mayores de cuerpos e de mienbros e mucho mas valientes que los moros, vençieronlos e murieron y muchos con aquel Abdurramen, su señor, e duro aquella batalla desde la mañana fasta la noche. E desy los françeses tornaronse para sus posadas. Otro dia de mañana, quando ellos[118] vieron las tiendas de los moros fincadas asi como ante noche, cuydaron que querien los moros otra vez començar la batalla,

---

[113] *sobrecopa*: tapa, parte superior de la copa [*lid of the cup*].

[114] *vna como paxarilla*: una figura parecida a un pajarito (fem.) [*A figure resembling a (female) bird*].

[115] The extensive description of the cup that the merchants exchange for Blancaflor reflects its importance later on in the narrative. It is in part thanks to this cup that Flores will be able to recover Blancaflor from the tower in Babylon.

[116] Regarding the city of Babylon, Correa Rodríguez notes that there exists in the manuscript "a confusion between the Babylon located in Asia and the medieval one in Egypt. It is obvious that at the beginning the compiler refers to the Asian Babylon, closer to Persia, and makes a clear distinction between this city and its king, and the caliph residing in Egypt and his *alcazar* of Cairo. However, as the narrative evolves, confusion springs, and the compiler claims that in the court of the king of Babylon all the great men of Egypt are present, placing the city in a region where certain traditions set the city of Babylon, identified with Cairo" (*Flores y Blancaflor*, 110 n. 44). We must take into account that this is an anachronism, for Cairo was not founded until 969.

[117] The manuscript lacks chapters 21–22.

[118] *7583*: ello.

mas quando sopieron por veedores que non estaua ay ninguno, fueron e tomaron quanto y auien dexado los moros, mucho algo que y fallaron en tiendas, e en oro, e en plata, e en cauallos, e en otras bestias, e en otros muchos despojos. E non era marauilla que Abdurramen auie vençido a los cristianos dos vezes e auia robado la tierra. El Duque Euado quisiera que fueran tras los moros, mas el Rey Carlos e los françeses ouieron miedo que les tenien çelada los moros en el camino e en los puertos por do auien a passar, e dexaronse de aquello e fueronse para sus tierras. E los moros que escaparon tornaronse para la Galgoita.[119] E otrosy, ese año lidio Carlos con el Duque Euado en Gascueña[120] e vençiole e tomole el señorio, e al cabo matole por que le metiera los moros en la tierra. Ese año murio el Enperador Leo e reyno en pos el su fijo Costantin el quarto[121] treynta e cinco años. Otrosy despues que Carlos Marçel ouo asosegado e mucho acreçentado el reyno de los françeses, murio e dexo en su logar a sus fijos. E Carlos el Magno,[122] que era el mayor, tomo el reyno e duro en el señorio nueue años. Mas agora dexa la estoria de fablar de los moros e torna a contar del Rey don Alfonso el catholico.

VII. Del Rey don Alfonso el catholico[123]

Andados cinco años del reynado del Rey don Alfonso el catholico que fue en la era de 777 años, quando andaua el año de la encarnaçion del Señor en 738. E el ynperio de Costantino en 1, quando los cristianos—que eran derramados por muchos logares—oyeron dezir del bien que Dios fiziera al Rey don Alfonso, llegaronse todos a el asi como sy fuese Dios, porque eran naturales de las

---

[119] *galgoita*: Galia Goda. Región francesa de Septimania [*The "Gothic Gaul." French region of Septimania*].

[120] Initially, the duke was of great help in stopping the Muslim expansion throughout France, which he blocked in 721. However, when the Muslim army returned in 725 he was unable to fight back, sealing an alliance with the Moors that infuriated Charles Martel.

[121] This is a slip of the manuscript, since the son of Emperor Leo III was Constantine V (r. 741–775), and not Constantine IV. This emperor, as the compiler says, ruled thirty-five years.

[122] "Carlos el Magno" must not be taken here for "Charlemagne" (Charles the Great), grandson of Charles Martel. The manuscript refers to his son Carloman (r. 741–747), brother of Pepin the Short (r. 741–768). Pepin and Carloman divide the kingdom unified by his father, Carloman receiving Austrasia and Touraine. Pepin, who becomes mayor of the palace in 741 but is proclaimed king only in 751, gets Neustria, Borgogne, and Provence. Notice that Pepin is also the father of Charlemagne (r. 771–814), and yet another Carloman (r. 768–771). Cf. C. Ott, "Byzantine Wild East — Islamic Wild West: An Expedition into a Literary Borderland," in *Der Roman im Byzanz der Komnenenzeit*, ed. P. A. Agapitos and D. Reinsch (Frankfurt: Beerenverlag, 2000), 137–46.

[123] *7583:* capit<ul>o xxiii q<ue> fabla del rey do<n> alfon<so> el catholico.

çibdades e de los logares que los moros tenien. E comoquier que Dios, por la Su santa merçed lo ençalçase e le diese tantos bienes e tantas onrras como le fazie, non dexo el por ende de aver en sy grand omildat e se dexar amar a[124] todos. E el, auiendo muy grand sabor de seruir a Dios e de onrrarle, puno de meter toda su firmeza en poner obispos en aquellas çibdades que el ganara de moros por que pedricasen[125] e asosegasen los pueblos por sus palabras e por sus enseñamientos en la fee de Jesucristo. Despues refizo todas las iglesias que eran derribadas e onrrolas muy bien de todas las cosas que les conbinie e les eran menester. Desi allego quantos libros pudo auer que de las Santas Scripturas de Dios eran. E quanto el mas podie,[126] demostraua en sy obras de piadat tan bien contra Dios como contra los omnes. Despues desto poblo en Asturias Lieuana, e Castilla Vieja, e Alaua, e Vizcaya, e Panplona. Ese año murio el Papa Gregorio e fue puesto en su logar Zacarias el primero,[127] e fueron con el ochenta e nueve apostoligos. Mas agora dexa la estoria de contar del Rey don Alfonso e torna a contar del Ynfante Flores e del Rey Fines.

VIII. Del Rey Fines e del Ynfante Flores[128]

Segunt cuenta Sigiberto en su estoria que fizo de Flores e de Blancaflor, dize que despues que el Rey Fines ouo vendido a Blancaflor, ante que enbiase por su fijo Flores al castillo de Montor, por consejo de la reyna mando labrar vn monimento mucho estraño, e tan sotiles fueron los maestros que le fizieron que entallaron en el muchos entalles (fol. 14) fermosos e sotilmente obrados, e fizieron sobre la cobertura del monimento dos figuras de ynfantes en semejança de niños muy fermosos. E entallaronlos en tal manera que el vno semejaua al Ynfante Flores e el otro a Blancaflor, e pusieronles sendos ramos en las manos[129] e sendas coronas de oro en las cabeças muy noblemente fechas, con piedras preçiosas en ellas. E mando el rey escriuir sobre el monimento vn petafio[130] que dizie en esta manera:

Aqui yaze Blancaflor, que murio enamorada de su señor Flores.

---

[124] *a:* de [*by*].
[125] *pedricasen:* predicasen [*preached*].
[126] *cuanto el mas podie:* cuanto más poderoso era [*the more powerful he was*].
[127] The popes mentioned are Gregory III (r. 731–741) and his successor, Zachary I (r. 741–752). Of the cities mentioned, "Liébana" [MS. *Lieuana*] is now in the province of Cantabria and not Asturias. "Castilla Vieja," "Álava" [MS. *Alaua*], "Vizcaya," and "Pamplona" [MS. *Panplona*] retain their original names.
[128] *7583:* capit<ul>o xxiiij q<ue> fabla del Rey Fines & del Ynfante Flores.
[129] This passage again evokes flower symbolism.
[130] *petafio:* epitafio [*epitaph*].

Todo esto fazien el rey e la reyna por que quando viniese Flores, su fijo, que cuydase çiertamente que era muerta Blancaflor. Depues que este monimento fue labrado segun auedes oydo, enbio el rey por el ynfante, su fijo, al castillo de Montor. E Flores, quando sopo que vinien por el plogole mucho de coraçon e mando a Gandifer su ayo que le leuasse lo mas ayna que pudiese para la çibdat de Almeria. E quando llegaron desçendio el ynfante mucho aprisa e entro para el alcaçar, e beso las manos a su padre e a su madre e pregunto a la reyna do era Blancaflor. E ella non respondio. El, quando esto vio fue a la camara do labrauan[131] las donzellas e preguntoles, e dixoles asy:

—Donzellas, por la fee que deuedes que me mostredes a Blancaflor.

E ellas no le respondieron nin le quisieron dezir nada, ca lo auien jurado al rey que fuese poridat. El ynfante, quando vio que las donzellas non gela querien mostrar fuesse para la madre de Blancaflor e dixole:

—Condessa, ya que non fallo quien me la muestre, mostradmela vos si sabedes do es.

E ella respondio:

—Non es aqui.

Dixo el ynfante:

—Mandadmela llamar, sinon yo me la yre buscar e vere la cosa del mundo que mas deseaua, e si la non fallare sabed que morire.

Quando esto oyo la Condessa Berta ouo piadat del porque lo criara de pequeño, e otrosi con pesar de su fija que quitaran della, començo de llorar. E el ynfante, quando la vio llorar cuydo que era muerta Blancaflor, e dixo a la condesa:

—¿Por que lloraes, qual fara si es muerta[132] Blancaflor?

E ella dixo:

—Fijo, pues que vos lo dezides, muerta es.

E quando lo oyo el ynfante non gelo creyo, ca touo[133] que gelo dizie por prouarlo si la amaua tanto como el mostraua, e preguntole que quando muriera. Dixo ella que bien auia ya diez dias que muriera enamorada, porque fuera desanparada del. Quando esto oyo el Ynfante Flores ouo grand pesar e perdio toda la color, e como sallio de seso cayo amorteçido, e la condesa, quando lo vio caer amorteçido començo a dar grandes bozes, e a las bozes recudio[134] el rey e todos los del palaçio e fallaron al ynfante amorteçido, e echaronle del agua por el rostro. E quando acordo, dixo contra la muerte en esta manera:

—¡Ay muerte! ¿Por que non me matas?, ca yo non cobdiçio mas beuir, pues que muerta es Blancaflor.

Desi començo de dezir contra el rey e contra los que ay estauan:

—Varones, por la fee que deuedes que me mostredes a do la soterrastes.

---

[131] *labrauan*: bordaban [*embroidered*].

[132] *qual fara si es muerta*: como si estuviera muerta [*as if she were dead*].

[133] *touo*: pensó [*he thought*].

[134] *recudio*: acudió [*he came*].

Crónica de Flores y Blancaflor   69

Estonçe leuaron al ynfante, e fueron todos con el e mostraronle la fuesa[135] fecha en la manera que auedes oydo. E quando la vio touo çiertamente que ally yazie, ca vio el petafio sobre el monimento fecho en la manera que aueys oydo. E desque vio la su figura e la de Blancaflor, ouo tan grand pesar que se amorteçio otra vez, que non semejaua sinon que muerto era, e despues que acordo dixo assy:

—Quien este escripto aqui fizo dele Dios buena ventura, ca pues que ella por mi murio, morire yo por ella otrosy.

E despues que esto dixo, asentose e começo de fazer su llanto en esta guisa, e llorando e sospirando começo a dezir:

—¡Ay Blancaflor! ¡Señora que y yazedes! ¡Acordad[136] e podredes ver Flores muy cuytado por vuestra muerte! E con muy grand derecho, que en vna noche fuemos engendrados, e amos nasçidos en vn dia, e amos nos criamos en vno, e amos leymos.[137] E pues que fezimos vna vida, en vno deuieramos morir, ca vos sodes muerta sin razon e moristes por mi, por lo que yo deuiera fazer por vos, e yo finco desanparado de vos, e a la çima morire por vos. Mas fago omenaje a Dios, que non fue tan grand bondad en donzella que en el mundo fuese como en vos.[138] ¿Quien vio donzella tan bien enseñada e de tan buen talante? ¿E quien vio tan grand mesura e donzella tan fermosa, e cortes, e loçana, e omillosa,[139] e apuesta, e de buen senblante? ¡Señora! ¿A quien dire mis poridades o que fare de vos, la cosa que en el mundo mas amaua e mas deseaua ver? ¡Ay Dios! ¡Que (fol. 15) grand estrañidat[140] ser yo aqui con Blancaflor e non me querer fablar! ¡Çiertas![141] ¡Muy grand desaguisado faze la muerte en dexar a mi, auiendo de leuar a ella! ¡Ay muerte! ¿Por que non me vienes? ¿E por que non me matas? ¡Tus fechos son sin razon, porque non catas sazon nin tienpo, que matas a las moças e dexas beuir a las viejas, e matas las homildosas e las buenas e dexas beuir las soberuias e las malas! ¿Que te fizo mi amiga, con quien auia sabor? ¡Mucho me feziste grant tuerto en me la leuar! ¡E fazesme mayor tuerto porque me non matas! ¡Mas agora non te rogare, que yo mesmo me matare por ella!

---

[135] *fuesa*: fosa, pozo, tumba [*pit, well, tomb*].

[136] *acordad*: resucitad [*revive*].

[137] It must be noted that Flores has already referred to his lover with the words "¡Ay Blancaflor, Blancaflor!" Furthermore, it is impossible to ignore the parallel between this passage and verses 716–719 of the French aristocratic version: "Ahi! Blancheflor, Blancheflor, / ja fumes nous ne en un jor / et en une nuit engendré, / si con nos meres ont conté."

[138] *7583*: fuese en vos. Cf. Gómez Pérez, "Leyendas medievales," 46.

[139] *omillosa*: humilde [*humble*].

[140] *estrañidat*: extrañeza, rareza, cosa extraña [*strange thing*].

[141] *çiertas*: ciertamente [*certainly*].

E despues que el Ynfante Flores ouo dicho estas razones como en manera de llanto, metio mano a vn gañiuete[142] que le diera Blancaflor e quisose[143] dar con el por el costado por se matar, mas su madre la reyna, que estaua con el, trauole de la mano e non dexo que se firiese, e començole a reptar[144] e dixole:

—¿Que es esto, fijo? ¡Grand marauilla es que has tan grand sabor de te matar por Blancaflor! ¡Por poco non te digo que eres loco, ca si asi te matas perderas el alma, ca fallamos en la nuestra ley que todo omne o muger que se mata con sus manos es perdido en este mundo e en el otro!

Quando esto oyo el ynfante dixo a su madre:

—Bien entiendo que es verdat lo que vos dezides, mas non puedo al fazer, e agora me guardat quanto quisieredes, que non puede ser que me non mate por ella.

La reyna, quando vio a Flores tan cuytado por Blancaflor, dyxo:

—Fijo, si te conortases e oluidases la muerte yo se vna melezina[145] con que beuira Blancaflor.

E ella dizie esto por conortallo de la grand cuyta en que le veye fasta que lo dixese al rey su padre. Flores, quando esto oyo, conortose yaquanto por aquella palabra que le dixera su madre, ca asmo que podria ser biua Blancaflor.[146] Estonçe la reyna fuese para el rey, e dixole asi:

—Señor, tomemos consejo en como non perdamos a Flores, ca non auemos otro fijo, e tan grand cuyta se da por Blancaflor que se quiere matar por ella.

Dixo el rey:

—Non lo fara, que non puede ser que non la oluide.

Dixo la reyna:

—Señor, en nada non lo tengamos, ca si yo non lo acorriera,[147] que le saque de las manos vn gañiuete con que se quiso matar, ya fuera muerto. E señor, asmad en vuestro coraçon que culpa y ha la donzella, pues Flores della se pago,[148] ca la culpa nos la auemos, que consentimos que se criasen en vno, ca si estonçe fueran partidos non fueran venidos a esto. E non es marauilla, señor, de Flores amar esta donzella, ca amor non cata linaje nin riqueza nin bondat, mas esta es su razon de seguir[149] su voluntad. E pues fue su ventura de la amar, non entendades que ama en mal logar, ca avnque ella non es pagana viene de duques e de buena sangre, e es grand e fermosa e bien fecha e mesurada. E pues que gela non podemos fazer oluidar, tomemos consejo por que non se pierda e digamosle la verdat. E desque

---

[142] *gañiuete*: cuchillo, puñal [*knife*].
[143] *7583:* qusose.
[144] *reptar*: retar, Lat. *reputare* [*to defy*].
[145] *melezina*: medicina, remedio [*medicine, remedy*].
[146] *7583:* que podria biua blanca flor. Cf. Gómez Pérez, "Leyendas medievales," 47.
[147] *acorriera*: socorriera [*to help, to remedy*].
[148] *se pago*: se enamoró [*he fell in love*].
[149] *7583*: segir.

sopiere que la avemos vendida, non sabra donde la leuaron, e por auentura oluidarla ha.

E el rey touolo por bien, e dixeron a Flores todo el fecho en como pasara. E el ynfante, quando sopo que Blancaflor era biua, ouo tan grand alegria que non ha omne en el mundo que lo pudiese contar, e dixo:

—¡A ty, Dios, sea loado! E pues biua es Blancaflor, non es logar tan esquiuo nin tan fuerte que la non vaya buscar. E non tornare aqui fasta que la traya comigo. E el grand sabor que he destas nueuas me faze oluidar el grand pesar que auia en el mi coraçon. E çiertamente muy mayor derecho fare en yr buscar a Blancaflor que non fizo Paris[150] quantos fechos cometio por Elena, e los acabo fasta que la ouo; otrosy Piramo[151] por Tisbe,[152] Tristan por Yseo.[153] Ca non creo que ninguna dellas puede llegar a la fermosura e a la beldat[154] de Blancaflor, e mas con razon lo deuo yo fazer que ninguno dellos, e non a y al sinon yrla buscar[155] aquen mar o allen mar fasta que la falle o punase en cobrarla. E desque la ouiere, nunca omne tan buen fecho acabo como yo nin tan grand.

Despues que el Infante Flores ouo dichas todas estas razones, con muy grand alegria que auie echose a los pies de su padre e besole las manos e gradesçiole quanto bien e quanta merçed le auie fecho en non matar a Blancaflor. E dixole que la querie yr buscar de todo en todo, e pidiole merçed que lo touiese por bien, e que le diese su graçia, e que le (fol. 16) ayudase por que el lo pudiese conplir. Estonçe el rey començole a castigar e dixole:

—Si me tu creyeses e tomases mi consejo, oluidaries a Blancaflor, ca barataste[156] muy mal en la amar tanto. E sy tu esto fiziese, darte ya yo otra que valliese tales çiento, fija de rey e de reyna, por que valdries mas e series mas honrrado. Asi non dexaras nin desonrraras a mi nin a tu linaje. E de mas digote que comienças locura, ca en buscar omne la cosa que non puede auer es perdimiento de tienpo e mal seso.

Quando esto oyo el ynfante dixo a su padre:

---

[150] *7583*: paries.
[151] *7583:* tiramo.
[152] *7583:* tibris.
[153] Gómez Pérez omits a considerable part of this description in his edition ("Leyendas medievales"): "que non fizo Paris, por Tisbe, Tristan por Yseo." The correct list is the one given here: "Paris [MS. *Paries*] y Elena, Piramo [MS. *Tiramo*] y Tisbe [MS. *Tibris*], Tristán e Isolda [MS. *Yseo*]." MS. 7583, then, is another text where the names of Flores and Blancaflor appear next to those of universal or classical pairs of lovers (for other examples in the literature of the Iberian Peninsula see Introduction). It is interesting to note that, in this version, it is Flores himself who makes the comparison between his case and that of the other lovers.
[154] *beldat*: belleza, hermosura [*beauty*].
[155] *7583*: busar.
[156] *barataste*: hiciste [*you did*].

—Señor, digouos que nunca otra muger avre sinon a Blancaflor, e ruegovos e pidouos por merçed que non me lo queraes desuiar,[157] e me dedes consejo como la vaya buscar.[158]

El Rey Fines, quando esto oyo dezir a su fijo, con muy grand pesar que ende auia, dixo:

—¡Ay Dios! ¡Que mal fize en mandarla vender! Mas, ¿que pro[159] me tiene que me quexe, ca todo aquesto fizo la reyna, e por el su consejo fue yo engañado?

E desi torno a su fijo e començo de porfiar con el, e dixole:

—Creye lo que te digo, ca si tu quisieres seguir tu voluntad e yr buscar a Blancaflor, apenas podras fallar quien bien te conseje, que los vnos por te lisonjar[160] e los otros por leuar algo de ty, nunca te daran buen consejo. E los reyes e los grandes señores que somos por consejo fazemos mal a las vezes, e mas seyendo tu de la hedat que eres, e ençima andar por tierras[161] agenas, por que te castigo que me creas de consejo e te partas desta locura.

A esto respondio el ynfante e dixo:

—Señor, ya vos dixe que nunca otra muger avria, mas si fuese vuestra merçed que mandasedes a Gaydon mi maestro e Gandifer mi ayo que fuesen conmigo, que son omnes muy sabios e muy entendidos,[162] e me consejaran si engaño, yo acabaria todo mi fecho. E pidouos por merçed que gelo mandes, e que non queraes alongar mas razon por que se me aya de detardar, que non ha cosa del mundo por que lo dexe. E sy me vos amades assy como fijo, guisad de me enbiar e de me ayudar como vaya e faga mi camino; sinon mandadme matar.

Quando esto oyo el rey, comoquier que ouiese ende grand pesar, dixo al ynfante:

—Fijo, pues yr quieres, quiero yo te consejar como fagas. Ca en el tu bien e en la tu onrra muy grand parte alcança a mi.[163] Lo primero que te consejo e mando es que te vayas derecho a Ysca Miramomelin, tu auelo. E si por aventura Blancaflor fuere en el su reyno puedesla cobrar mucho ayna, e synon con lo que yo dare, e con la ayuda que te fara tu ahuelo, puedes yrla buscar mas saluamente. Despues darte he dos mill cavalleros muy bien guisados, e de omnes de pie grand conpaña. E non sabran que van buscar a Blancaflor sinon Gaydon tu maestro e Gandifer tu ayo, que yran contigo. E leuaras muy grand auer e muchas joyas e mucha vianda, e metete en las naues[164] e faz asy como te yo he consejado. E despues que fueres allen mar, tu maestro e tu ayo te consejaran como fagas.

---

[157] *desuiar*: quitar de la cabeza, impedir [*change my mind*].
[158] *7583*: busar.
[159] *pro*: ventaja [*advantage*].
[160] *lisonjar*: adular [*to flatter*].
[161] *7583:* tierra.
[162] *7583:* entendido.
[163] *muy grand parte alcança a mi*: mucho me concierne [*it concerns me greatly*].
[164] *7583:* e metete en (e) las [n]aues.

Crónica de Flores y Blancaflor

E desque esto le ouo dicho su padre, diole la copa de oro que vos deximos que fuera dada por Blancaflor, e dixole:

—Fijo, toma esta copa e lleuala contigo, que por auentura a tal omne la puedes dar que te fara cobrar tu amiga.

E otrosi la reyna su madre diole vn anillo[165] muy noble e muy apuesto en que auie engastonada vna piedra muy fermosa e de muy grand virtud, e dixole:

—Fijo, toma este anillo e guardalo muy bien, que avn te conplira muy mucho, e mientra lo troxeres contigo nunca fallaras omne a quien non ganes por amigo, e nunca moriras muerte sopitaña[166] nin avras miedo de agua nin de fuego. E nunca a tal señor seruiras que te non resçiba luego en su gracia.

E acomendolo a Dios, e desi el ynfante tornose para el rey su padre, e el rey abraçole e acomendole mucho a Dios, e mando llamar luego a Gaydon su maestro e a Gandifer su ayo e acomendoles mucho al ynfante diziendoles asy:

—Don Gaydon e don Gandifer, agora es menester el vuestro grand seso, como consejedes bien al vuestro criado Flores e lo castiguedes.

E ellos prometieron que lo farien asi. Desy dioles aquellos dos mill caualleros que vos diximos muy bien guisados de cauallos e de armas e de todas las otras cosas que auien menester. E el ynfante gradesçiogelo mucho a su padre e a su madre, e besoles las manos e espidiose dellos e entro en su camino. Mas agora dexa la estoria de contar del Infante Flores por contar de las otras cosas que (fol. 17) acaesçieron en España.

IX. De las cosas que acaesçieron en España[167]

Andando aquel quinto año del reynado[168] del Rey don Alfonso el catolico, quando Ysca Miramomelin sopo la muerte de Abdurramen enbio por rey de España vn omne de grand guisa que auie nombre Abdemelic,[169] e reyno quatro años. E Ysca mandole que en el reyno de Almeria, que era de su fijo el Rey Fines, que non

---

[165] In versions of the story belonging to family III (Mediterranean texts) there is a ring that tells Flores when Blancaflor is in danger. In the *Chronicle* this ring does not play an important role, for the heroes are not saved thanks to its magic properties. The queen's words to her son describing the ring: "nunca fallaras omne a quien non ganes por amigo . . . e nunca a tal señor seruiras que te non resçiba luego en su gracia," could explain why Flores had so little trouble in gaining the friendship of the sultan, and in convincing don Daytes, Licores, and the guardian of the tower to help him recover Blancaflor. Flores's success, however, does not seem to be the result of magic, but rather of his wit—or is it God's will?

[166] *sopitaña*: violenta, no natural [*violent, non natural, unexpected*].

[167] *7583*: capit<ul>o xxv q<ue> fabla de las cosas q<ue> acaesçiero<n> en espan<n>a.

[168] *7583*: an<n>o del reynado del reynado del rey.

[169] 'Abd al-Malik ibn Qatan al-Fihri (r. 732–734; 740), emir of Córdoba.

ouiese el que vedar nin que mandar, mas que lo catase por señor. E quando Abdemelic llego a la tierra, fallola tan abondada por que sufrie cuytas e peligros, mas que non podrie ser otra tierra nin que con ella pudiese ygualar. E el, que deuiera ser tal como mayordomo de señor, fue loco e loçano e astragador de las gentes, ca non cataua poco nin mucho pro de la tierra, nin daua nada por ello, e falagaua[170] las gentes por semejança con sus palabras engañosas e mostrauales las cosas que eran derecho e fazieles el despues tuerto. E alli do los aseguraua e les prometie amistad los quebrantaua muy mal. E en logar de mantenerlos en justiçia, confondielos e echaualos en mal logar. Tales cosas como estas començo a vsar en España contra esos pocos de cristianos que fincaron so el señorio de los moros, e contra sus moros mismos, por tal que las llagas que non eran avn bien sanas nin guaridas de las priesas en que se vieran las gentes, que por el su brauo señorio se renouasen aqui. E tan malo fue que nunca jamas fizo ninguna cosa de bien en tierra, nin ouo tanpoco coraçon de vedar los males e los robos que los malfechores fazien en el reyno. E el faziendo todas estas cosas que auemos dicho llegole mandado de su señor, Ysca Miramomelin, que fuese contra los françeses e los guerrease, e el fizolo, mas pero non quiso pasar los montes Pirineos. Los françeses, quando lo sopieron vinieron a el e lidiaron con el e mataron y muchos de los suyos, e el fuyo e acogiose a la ribera de Ebro, en tierra de Çilubria.[171] Del sesto año fasta el noueno del Rey don Alfonso el catholico non fallamos ninguna cosa que de contar sea que a la estoria pertenesca, sinon tanto que en el seteno, faziendo Abdemelic[172] mucho mal a la gente de los cristianos, ouo Nuestro Señor Dios de oyr los sus sospiros e las sus oraçiones, e doliose dellos e tollio la premia que auien del desta guisa. Ca Ysca el miramomelin, luego que sopo las enemigas que fazie en España, quisiera enbiar dezir al Rey Fines su fijo que le presiese e se fincase por rey de toda España, mas pero porque se reçelo que pesarie a Vlit, su sobrino, cuya tierra el tenia en encomienda por que apoderaua a su fijo en España, enbio alla a otro que auie nombre Ocha Abenapaso[173] que echase del reyno a Abdemelic e que reynase el en su logar, pero so tal condiçion que en el reyno del Almeria que el diera al Rey Fines, su fijo, non ouiese el que ver ninguna cosa. En este año mataron los moros en Siria al obispo don Pedro de Macremeno.[174] Mas agora dexa la estoria de fablar desto por contar del Infante Flores.

---

[170] *falagaua*: halagaba [*he flattered*].

[171] 'Abd al-Malik seeks refuge in what can be identified as "Mount Calabria" [MS. *Çilubria*], next to the river Ebro. This used to be the setting of a city destroyed by the Visigothic king Leovigild, next to the city of Logroño (La Rioja).

[172] *7583:* aldemelic.

[173] Uqba [Ocba / Ocha] ibn Hayyay al-Saluli (r. 734–740), emir of Córdoba. 'Abd al-Malik regains the throne in the year 740, after Uqba's death. The story omits the reign of Baly ibn Bisr (r. 741–742) and Ta-l-Aba ibn Salama al-Amili (r. 742–743), since the next emir of Córdoba mentioned is Abu-l-Jattar.

[174] This bishop is Peter of Maiouma, d. 743 (745 in Sigebert, *Chron.* s. a., PL 160. 141B).

X. Del Infante Flores[175]

Cuenta Sigiberto que quando el ynfante fue guisado para yr buscar a Blancaflor asi como la estoria lo ha contado, mouio de la çibdat de Almeria. Desi fallaron muy grand flota e muy bien guisada, e entraron en las naues e començaron a yr sobre mar, e arribaron en la partida de Africa. E ally fallaron nueuas çiertas que los mercadores que leuaron a Blancaflor, que se fueran con ella a la partida de Asia. E quando esto sopo el Ynfante Flores quisiera que fueran en pos ellos, mas Gaydon su maestro e Gandifer su ayo consejaronle que se fuesse ante a ver con su ahuelo, Ysca el miramomelin, asi como gelo mandara el Rey Fines su padre. Estonçe, comoquier que pesasse al Ynfante Flores, ouo a fazer lo que le consejauan. E enderesço[176] para tierra de Berberia, que era y estonçes el miramomelin. E quando Ysca sopo que vinie su nieto, mançebo ya, vnado[177] e fermoso, ouo tan grand plazer que era marauilla. E quien vos quisiese contar el fermoso resçebimiento que le mando fazer e la muy grand alegria que con el fizo, esto serie mucho de retraer. Mas quando le dixeron como yua buscar a Blancaflor, e como nasçieran el e ella en vn dia, (fol. 18) e como se criaran en vno, e el muy grand amor que le auia, touo que serie omne de grand coraçon, pues que tan mançebo se metia en auentura por vna muger. Mas quando sopo que Blancaflor non era en el su señorio, mas que los mercadores la leuaran a la partida de Asia, mando dar al Ynfante Flores, su nieto, tres mill caualleros e muy grand aver ademas, e muchas joyas e muy nobles. E quando se ouo a quitar del, abraçole e besole e acomendole a Dios. Entonçe entraron en las naues e començaronse a yr por la mar, e andudieron asi naueando quinze dias. E a cabo de los quinze dias arribaron en la partida de Asia en el señorio del galifa[178] de Egipto. E "galifa" quiere tanto dezir como "apostoligo de los moros." E desque salleron a terreno, sacaron sus cauallos e todas sus conpañas e començaron a andar por la tierra, e por doquier que andauan conprauan por sus dineros todas las cosas que auien menester.

E asi, andando por aquellas tierras llegaron a vna villa que dizien Buluies,[179] que es a quatro jornadas de la çibdat de Babilonia. En esta villa sopieron nueuas çiertas que los mercadores que conpraran a Blancaflor, que la vendieron al rey de Babilonia. E quando sopo esto el Ynfante Flores ouo muy grand plazer porque apriso nueuas çiertas della, e de otra parte ouo pesar porque la auie en su poder omne tan poderoso como era el rey de Babilonia. Pero con todo eso enderesço derechamente para alla. E quando fueron quanto a vna jornada de la çibdat so-

---

[175] *7583:* capit<ul>o xxvi q<ue> torna a contar del infante flores.
[176] *enderesço:* puso rumbo [*he directed himself towards*].
[177] *vnado:* hecho uno, hecho hombre [*having become a man*].
[178] *7583*: de galifa.
[179] It is impossible to identify this city, which was located at a distance of four days from Baghdad. For a further explanation on the identification of "Bulvies," see Grieve, *Floire and Blancheflor*, 49.

pieron como el rey de Babilonia auie su desabenençia e su guerra con el galifa de Egipto, su señor. Ca esi es la costunbre en tierra de Egipto, que el galifa es señor de toda la tierra, e el pone rey de su mano que faga la justiçia e gouierne la tierra e la defienda de los enemigos, mas a aquella[180] sazon avien desabenençia e guerra en vno. E quando el Ynfante Flores e su conpaña fueron çiertos desto plogoles mucho, ca touieron que el ynfante llegaua a tiempo que podrie recabdar por lo que venie. Ca ayudando ellos al rey de Babilonia contra el galifa, podrie venir el pleito a abenençia a que podrie cobrar la graçia de su señor, e quiça que por esto que le darie a Blancaflor. El ynfante apartose[181] con su maestro, Gaydon, e con su ayo, Gandifer, e ellos consejaronle que enbiase su carta al rey de Babilonia e que non tanxese[182] en fecho de Blancaflor ninguna cosa. E el ynfante enbiole su carta en que le fizo saber en que el era fijo del Rey Fines, señor de Almeria la de España, e nieto de Ysca Miramomelin de Africa,[183] e que porque non auie guerra en toda su comarca en que el vsase de fecho de armas, que mouiera dende con çinco mill caualleros muy bien guisados por yr buscar do ouiesse guerra do pudiese vsar de fecho de armas. E que andando en esta demanda, que sopiera como el auia su contienda e su desabenençia con el galifa de Egipto, e que venia para el ally a la su corte señaladamente por aprender maneras e buenas costunbres e saber lidiar, e si le plazie con el que le ayudarie de grado, e que le rogaua que desto que le enbiase respuesta. El rey de Babilonia, quando vio la carta que el Rey Flores[184] le enbio plogole mucho, ca touo que avrie buena ayuda en el, e que le llegaua a tienpo que le conplia mucho, e enbiole su respuesta en como le plazie mucho con el, e que le rogaua que se viniese luego para el e que le daria todas las cosas que ouiese menester.

 Quando esto oyo el Ynfante Flores plogole mucho e enderesço contra la çibdat de Babilonia, e quando fueron quanto a vna legua salliole el rey a reçebir con muy grand gente de caualleros e con muchos juglares e grand alboroço. E quando llego el ynfante al rey quisiera besar la mano, e el rey era omne entendido e mesurado e non quiso que gela besase e abraçole, e todas las conpañas del infante besaron la mano al rey. E viniendo contra la çibdat, el rey yua fablando con el Ynfante Flores e preguntandole de su fazienda. E a todas las preguntas que el rey fazie, el ynfante respondiale mansamente e muy bien, de guisa que el rey fue muy pagado del e entendio en el que podrie ser omne bueno. E asi fablando, llegaron a la çibdat e el rey mando dar al ynfante vn alcaçar en que posase. E este alcaçar era tan grand, con otras muchas casas que auie enderredor del, que copo y el ynfante con toda su conpaña. E esto le ayudo mucho para (fol. 19) se encobrir de la

---

[180] *7583:* mas aquella.
[181] *7583:* apart(y)ose.
[182] *tanxese:* tocase, mencionase [*mention*].
[183] *7583*: asia.
[184] Referring to Flores as "king" is very likely a slip of the compiler, for he is still an "ynfante."

gente del rey para en el fecho en que el andaua. E este alcaçar tenia vn cauallero de los buenos e de los honrrados que auie en la corte del rey, que auie nonbre don Daytes. E su muger era mucho entendida e muy buena, e auie nombre Licores.[185] Este cauallero e esta dueña fazien mucho plazer al Ynfante Flores en Babilonia, e quanto vnos quinze dias que y moro, yua cada dia ver al rey, e al rey plazie mucho con el.

En este comedio ouolo a saber Blancaflor, que estaua guardada en la torre segunt que lo ya ha contado la estoria,[186] e esto sopo ella porque lo oyo dezir a aquellos que le subien de comer. Ca oyo dezir que vn ynfante a quien dizien Flores viniera y non por al sinon por aprender maneras e costunbres e saber lidiar, e que traye consigo çinco mill omnes a cauallo, e que dizien que era fijo de vn rey que auie nombre Fines, señor de Almeria la de España. E por esta razon sopo ella çiertamente que era su amigo e su señor Flores. Mas non pudo guisar que el supiese della en estos quinze dias, pero que sabie el ynfante que ally la aduxeran los mercadores que la conpraron, mas despues desto, a tienpo, aguisaron al ynfante como subio a la torre e estudo con ella e acunplio toda su voluntad, asy como la estoria vos lo contara adelante. Mas agora dexa la estoria de contar de Flores el ynfante por contar de las otras cosas que acaesçieron en España.

XI. De las cosas que acaesçieron en España[187]

Andados dos años del reynado del Rey don Alfonso el catholico, que fue en la era de 780 años, quando andaua el año de la encarnaçion del Señor en 742, e del ynperio de Costantino en 5, llego Ocha de allen mar por rey de España, asi como la estoria lo ha contado que le enbiara Ysca Miramomelin, e reyno çinco años. E este Ocha era muy alto sabio en su ley e en contar el linaje onde los moros venieran, e por que el tenie[188] bien su ley e la guardara, era temido de todos e mucho honrrado. La primera cosa que el fizo en España fue que priso a Abdemelic, el que reynara ante el, e echole en fierros. E con consejo del Rey Fines, fijo de su señor, tiro de la tierra los alguaziles e los adelantados que el y pusiera, e fizo a todos los moros guardar bien las cosas que convinien a su ley, pero con todo

---

[185] In the Spanish printed version, Flores's host in Babylon is Darío Lobrondo, who also explains to him that the great passion of the guardian of the tower is to play chess.

[186] The compiler has not yet mentioned that Blancaflor is kept in a tower. Furthermore, the fact that Blancaflor knows that Flores has reached Babylon is not shared with any other version.

[187] *7583:* capit<ul>o xxvii q<ue> torna a contar delas cosas q<ue> acaesçiero<n> en espan<n>a.

[188] *7583:* temie.

esso demandaua muy de rezio a los pueblos pechos[189] e tributos, asi que llego e acresçento, ya por razon de los pechos de muchas guisas, muy grand aver ademas. E a aquellos[190] que eran malfechores en la tierra, e a todos los otros que eran sabidos de engaño e de mal, fizolos meter en naues e echarlos muy lueñe de España en desterramiento. Este nunca mato nin justiçio ninguno sinon señaladamente por cosa que fiziese contra su ley. Despues que el ouo todo esto fecho, guisose muy bien e fue con muy grand hueste contra los françeses, e ouo su fazienda con ellos e murieron y muchos de todas partes. Mas pero non cuenta la estoria quales dellos vençieron, sinon tanto que se torno Ocha[191] luego a Çaragoça[192] a grand priesa, e el estando y llegaronle cartas del Rey Fines, fijo de su señor, que los moros de España trabajauan de se alçar.[193] E luego que ouo leydas las cartas fuese para Cordoua quanto mas pudo e estudo en la villa, e estudo de partes de la sierra que nunca lo sopo ninguno. E desi sallo dende de noche e metiose en las naues e fuesse para Africa. E despues que ouo allegado muy grand hueste de moros vinose para Cordoua. E por consejo del Rey Fines mato todos aquellos que el sopo que le eran contrarios e que se le querien alçar. E asi asosego el por consejo del Rey Fines, fijo de su señor, todo el bolliçio que era leuantado, e endereçso su tierra e mantouo el reyno muy bien e muy honrradamente. Del dezeno año fasta el trezeno del reynado del Rey don Alfonso el catholico non fallamos ninguna cosa que de contar sea que a la estoria pertenesca, sinon tanto que en el dozeno año dexo Carlos Magno, rey de Françia, el reyno a su hermano el Rey Pepino. E fuesse el a Roma al Papa Zacarias que le diese el abito de la orden de Sant Benito, e el papa fizolo luego. E Carlos Magno moro de primero (fol. 20) en el monesterio que es en el Monte Sipçiti, que se fiziera el, e fizo y muy santa vida. E despues fuese para el monesterio de Montasin, e ally acabo su vida en seruiçio de Dios. Este año ouieron los moros entre si muy grand batalla vnos con otros. Mas agora dexa la estoria de contar desto por contar del Infante Flores.[194]

---

[189] *pechos*: pagos. Lat. *pactum*. Impuestos que se pagan al rey o soberano [*Tributes paid to the king*].
[190] *7583:* e aquellos.
[191] *7583:* torno (ol) ocha.
[192] *7583*: çaragora (Zaragoza).
[193] *trabajauan de se alçar*: se preparaban para rebelarse [*they were preparing to rebel*].
[194] The manuscript refers again to Carloman, and not Charlemagne, who is succeeded by his brother Pepin the Short. Carloman seeks refuge in the monastery of "Monte Soracte" (Monsorat, Mount of San Silvestre) [MS. *monte sipçiti*] in Rome, but troubled by the many visits he receives, he goes to a Benedictine monastery in "Monte Casino" [MS. *Montasin*]. He dies in the year 754.

XII. Del Infante Flores[195]

Dize Segiberto en su estoria que fizo de Flores e de Blancaflor que depues[196] que el Infante Flores ouo morado con el rey de Babilonia e quanto vnos quinze dias por encobrir aquello por que era venido, fue vn dia ver al rey asi como solie. E por dar a entender que auia voluntad de lo seruir, dixo assy:

—Señor, bien sabedes como vine aqui non por me tener viçioso, e sy vos touiesedes por bien, tienpo seria de prouar alguna cosa de aquello por que yo aqui vine.

El rey gradesçiogelo e dixole:

—Pues que vos queredes, yo ternia por bien en que fuessedes tener frontera contra aquellos que me mezclaron[197] con mi señor el galifa, porque yo he esta contienda e esta desabenençia con el. E sy vos sabor auedes de me seruir, punad tanto porque me metades en merçed del galifa. E si vos esto fazedes, prometo de fazer por vos quanto vos mandaredes.

Estonçe el ynfante prometiole de lo fazer asi, e que non fincarie por el de lo acabar. E el rey gradesçiogelo mucho e mando que fuese a vn castillo que auie en vna montaña, que era muy grand e muy bueno e muy bien poblado, e era frontero con aquellos enemigos del rey. E en ese castillo moro el ynfante vn grand tienpo e fazia todavia muchas caualgadas. E el rey mandole dar todo lo que auie menester el e su conpaña, e cada que se tomaua[198] con aquellos enemigos del rey, sienpre los vençie e les mataua muy grand gente. E a tan grand sabor auia desto, que se le pospuso yaquanto el fecho por que viniera. E de alli apremio tanto a aquellos enemigos del rey que ellos mismos escomençaron a traer pleytesia entre el galifa e el rey, pero esto faziendolo engañosamente, ca fizieron una carta falssa en que pusieron el nombre del galifa falsamente e enbiaronla al Ynfante Flores. E la carta dizia asy en como el galifa perdonaua al rey, ca sopiera que la mezcla que fizieran del que fuera mentira, e que se fincase rey de Egipto asi como se lo era, pero que viniese a vistas con el a vn castillo que era a quatro leguas de aquel castillo do el Ynfante Flores tenie frontera contra la tierra de aquellos sus enemigos. E el omne que dio la carta al ynfante dixo que gela enbiaua el galifa. E depues que el ynfante vio la carta touo verdaderamente que era verdat, e ouo grant plazer, e enbio luego al rey de Babilonia la carta. E quando el rey vio la carta e el nombre del galifa en ella, non se reçelo de ningunt engaño nin de trayçion, e mouio de Babilonia con poca conpaña e vinose para el castillo do el ynfante era en frontera. E de ally mouio para yrse para el otro castillo por conplir mandamiento de su señor el galifa, asi como la carta dizia. E mando al Ynfante Flores que se fuese en pos el con toda su compania, e que fuesen todos armados.

---

[195] *7583:* capit<ul>o xxviii q<ue> fabla del infa<n>te flores.
[196] *7583:* blancaflor depues.
[197] *mezclaron*: enemistaron [*made me an enemy of*].
[198] *e cada que se tomaua*: y cada vez que se encontraba [*and everytime he came across*].

Los enemigos del rey, como tenien su trayçion asmada, estauan en çelada por el camino do auie a passar el rey. E quando fueron en aquel derecho salleron de la çelada e prisieron al rey e a los que con el yuan, e mataronlos todos. E al rey ataronle las manos e metieronlo en fuerte prision por presentarlo al galifa, su señor. E çiertamente la su trayçion fuera conplida sinon por vn omne que escapo quando el rey fue preso, e torno fuyendo contra el Ynfante Flores e dixole todo el fecho como acaesçiera. E quando el ynfante lo oyo, escomenço de agijar muy de rezio, en guisa que los alcançaron, ca ellos yuan mucho alegres[199] porque leuauan al rey preso e yuanse muy de vagar[200] como omnes que se non reguardauan de ninguna cosa, ca eran bien dos mill caualleros. Mas quando el Ynfante Flores los vio, fue luego ferir muy de rezio, e ellos en el comienço punaron de se defender, mas quando sopieron que el Ynfante Flores era, fuyeron e dexaron al rey. E el primero que llego al rey fue el ynfante, diziendo:

—¿Que fue esto, señor? ¿Como fuestes preso?

E el rey dixo:

—Desatadme las (fol. 21) manos e yo vos lo dire.

E el ynfante desatole las manos, e luego que fue desatado de la prision contole el rey en que manera fuera preso, e como le mataron su conpaña, e que se marauillaua mucho como lo osaron fazer. Pero que sospechaua que fuera por consejo del galifa. E dixo el ynfante al rey:

—Señor, pues vos sodes biuo e sano e libre de prision, eso ayna lo podremos saber.

Desta guisa que avedes oydo libro el ynfante al rey de Babilonia de mano de sus enemigos, de que fue bien andante, ca despues a poco tienpo lo fallo el rey en la su camara de la su torre con Blancaflor, que lo ouiera a matar sinon por los de su corte que le rogaron por el. E señaladamente, la razon porque lo mas perdono fue por este acaesçimiento que vos avemos dicho. Estonçe tornaronse para el castillo do el ynfante tenia frontera. E otro dia el rey sallio del castillo e el ynfante e toda su conpaña, e fueronse para la çibdat de Babilonia. E desque todo el pueblo sopo que el ynfante librara al rey de mano de sus enemigos, començaronle a fazer mucha onrra e mucho plazer a el e a su conpaña. E el rey enbiauale cada dia muchos presentes e nobles.

---

[199] *alegres*: amenos, distraídos [*distracted*].
[200] *muy de vagar*: lentamente [*slowly*].

XIII. Del Infante Flores[201]

Avn va la estoria siguiendo del Ynfante Flores e dize asi: que quando los enemigos del rey de Babilonia fueron vençidos del Ynfante Flores, e les tollo[202] al rey que leuauan preso asy como la estoria lo ha contado, que non se atreuieron a fincar en el regno de Egipto por la enemiga que auien fecho, e passaronse al grand soldan de Persia. E quando el galifa sopo la trayçion e la enemiga que fizieran contra el rey, e como le prisieran con carta falssa en que pusieran su nonbre—el non lo sabiendo—touo que lo que dixeran por el rey que lo dixeran por mezclarlo con el, e que fuera todo mentira. Otrosy quando sopo todo el fecho del Ynfante Flores, en como era muy fermoso mançebo e muy buen cauallero de armas e mucho esforçado, ouo muy grand sabor del ver. E enbio su carta al rey con vn su fijo en que le enbiaua dezir que se viniese para el al castillo del Cayre, ca en aquel castillo fazie sienpre su morada el galifa de Egipto. E vn dia antes que el fijo del[203] galifa llegase a la çibdat de Babilonia, salliole a reçebir el rey con el Ynfante Flores. E el fijo del galifa dio la su carta del padre al rey, en la qual carta lo enbiaua mucho a saludar, e despues de las saludes[204] dezir en como el sopiera en verdat que todo lo que dixeran del que fuera mentira, e de la grant trayçion que le fizieran aquellos que le mezclaron con el falssando el su nombre. Ca el juraua a Dios verdat que nunca sopiera nada de aquella carta. E por ende que le mandaua que se viniese para el, e si nunca merçed le fiziera que gela faria estonçe, e que le rogaua que troxese consigo al ynfante que le librara de la prision, ca le dixeran[205] del que era omne de prestar e que avie muy grand sabor de le ver, e en fin de la carta dizia que por que fuesse mas seguro, que le enbiaua aquel su fijo que fincase en arrehenes.[206]

Quando el rey vio la carta del galifa su señor, ouo muy grand plazer e mostrola al Ynfante Flores. E el ynfante quando la vido plogole mucho. E luego otro dia mouio el rey de Babilonia e leuo consigo al infante, asy como le enbiara dezir el galifa su señor, e con todo eso mando que guardasen y al fijo de galifa, pero que le fiziesen mucha honrra como a fijo de su señor. E quando llegaron al castillo del Cayre dexaron toda la conpaña en la villa e las armas. E subio el rey al alcaçar e el ynfante con el, amos ydos[207] solos. E quando entraron por el palaçio do estaua el galifa e lo vieron a ojo, antes que llegasen a el fincaron los ynojos siete vezes segunt la su costunbre, e despues que llegaron a el, besaronle el pie e asentose el rey a sus pies e el ynfante çerca del. Estonçe el galifa começo su razon

---

[201] *7583:* capitulo xxix q<ue> va contando del infante flores.
[202] *tollo*: quitó [*he took*].
[203] *7583:* de.
[204] *saludes*: saludos [*greetings*].
[205] *7583:* dixera.
[206] *fincase en arrehenes*: quedase como rehén [*to remain hostage*].
[207] *amos ydos*: ambos [*both of them*].

en que onrro mucho a el de su palabra. E a la çima dixole que fallara por verdat que todo quanto dixeran del que fuera mentira, e por tanto que le perdonaua e le reçibie en la su merçed, e que se fincase por rey de Egipto como se lo era de antes. E saco vna sortija de oro que tenie en el dedo e diogela en señal que en toda la su vida (fol. 22) non le tollese el señorio de Egipto, e que esta era la mayor merçed que le podie fazer. Estonçe el ynfante e el rey besaronle otra vez el pie. E depues que esto todo fue pasado, el galifa començo de fablar con el Ynfante Flores, e tan pagado fue del que tres dias que y moro, cada dia mando que estudiese ante el, a tanto que le prometio que le daria su fija por muger. Mas el infante escusose diziendo que prometiera a su padre que non casase sin su mandado. E a cabo de los tres dias[208] despidieronse del galifa e tornaronse para la çibdat de Babilonia. E dize la estoria que morando el Ynfante Flores esta segunda vez en la çibdat de Babilonia, acaesçio asi vn dia que estaua el ynfante en su cabo en vn palaçio muy noble e muy fermoso que era en aquel alcaçar do el posaua. E començo a cuydar en fecho de Blancaflor, e razonar con sy mesmo diziendo asi:

—Dime, Flores, ¿que seruiçio le has fecho, ca me semeja que el rey, que ama a Blancaflor mas que a otra muger ninguna, e por ella quiere dexar todo lo que auie acostunbrado fasta aqui, e quierela tomar por muger?[209] Pues cata agora en tu voluntad quanto duelo e quanto pesar dexaste[210] en tu tierra, e a tu padre, e a tu madre, e a tus parientes, e a tus amigos, e agora as miedo de muerte. Non farie mal el que yerra si se castigase despues. Ca segunt mi entendimiento ando mucho errado, ca en todas las dueñas que en el mundo son non ha en ellas verdat, ca de vno fazen senblante e tienen al en el coraçon, e pocos son que gozasen de dueñas que amaron, que ante sufren muy grand lazeria e el ganar es en aventura.[211]

E en pensando el en esto, vinole a coraçon de se tornar para su tierra, e de sy començo de cuydar en Blancaflor e dixo entresi:

—Non podrie ser que tornase sin ella a mi tierra. Ya non me puedo arrepentir, ante fuera tienpo. Ca sy a mi tierra tornase en esa manera, serme ya[212] retraydo e non seria para el mundo. Ca si lo yo bien siguiese como lo he començado, bien

---

[208] Notice tripartition—"three days."

[209] This seems to be another mistake in the manuscript, since Flores does not yet know that the sultan wants to marry Blancaflor. With increasing frequency, Flores mentions events that have not yet taken place in the narrative. When his host, don Daytes, tells Flores later on that the sultan is willing to marry Blancaflor, Flores loses all color in his face upon hearing the news. It is clear, then, that he was not supposed to know this information now.

[210] *7583:* dexe. Flores has to be referring to himself using the second person singular pronoun, as he does in the rest of the passage.

[211] This speech is of the utmost importance. Not only does Flores consider giving up Blancaflor for the first and only time, but it is also the first and only time that the hero describes women in a negative way. Were Flores to give up his quest and return home, it would subvert the very nature of the "Byzantine novels."

[212] *serme ya*: me sería [*it would be*].

fio por Dios que lo acabare, e non pertenesçe a fi[213] de rey nin a omne de grand logar que quando tales fechos comiença deuelos de seguir fasta que los acabe. E non deue aver dolor de padre nin de madre, nin reçelar la muerte nin otro peligro ninguno. E pues quando yo non reçele la muerte quando me quise matar diziendome que era muerta, non la deuo yo agora reçelar pues es biua, e so en el logar do ella es e trabajarme deuo de pensar engaños e artes e todas las cosas por que se me pueda guisar de acabar esto que he començado e que mucho deseo ver.

E desque todas estas razones ouo pasadas, como dicho es, finco en grand cuyta e en muy grant pensamiento como omne enamorado, e non sabie que fazer nin que consejo tomase. E estando el ynfante cuydando en Blancaflor, entro por el palaçio don Daytes, su huesped, que tenia por el el alcaçar do el posaua. E el ynfante, por se encobrir, dixo que se marauillaua de la grandesa e de la fortaleza de aquella çibdat. Estonçe dixo don Daytes:

—Si vos andudiesedes por ella e morasedes en ella vn año e viesedes las estrañezas que y se fazen, mas vos marauillariades, e sy vos non enojasedes de oyrlo, yo vos lo contaria, e contarvos he otrosi la vida que faze el rey e sus costunbres.

El ynfante, por dexarse[214] de aquel pensamiento en que estaua, dixo que lo oyria muy de grado e que non se enojarie. Dixo don Daytes:

—Quierovos començar primero de fecho de la villa, que asi como vos vedes esta asentada en peña, e el muro della es mucho alto e muy bien labrado de piedra tajada, e es tan ancho que pueden yr por el dos omnes a par encaualgados a grand anchura. E ha enderredor dos carcauas muy anchas e tajadas en peña e llenas de agua, e la villa es labrada sobre caños muy fondos e muy anchos por do van todas las aguas del çielo quando llueue e todos los estiercoles de la çibdat, porque es la villa muy linpia en todo tienpo. E de fuera del muro a y muchas torres albarranas e mucho espessas. E la barbacana es alta, que conplirie para muro a otra villa.[215] E de parte de oriente es el alcaçar[216] do mora el rey, que es çercado de muchas torres muy fuertes, e las (fol. 23) noblezas de dentro non vos las podria contar e vos non las creeriedes si las non viesedes todas. E ha ende vna torre que es labrada de marmol blanco e verde e bermejo e de quantas colores pueden ser, e es rodada,[217] e ha çient braças en luengo e otras tantas en derredor. E el rey puna de amar donzellas fijas de reyes e de altos omnes, e metelas en ella e tienelas y muy bien guardadas. E su costunbre deste señor es a tal que casa cada año con

---

[213] *fi*: fijo, hijo [*son*].

[214] *dexarse*: olvidarse, apartarse [*forget*].

[215] Correa Rodríguez claims that the description of Babylon "is very interesting, although it moves away from the original source. It resembles a fortified medieval city, and because of that it is not like the one found in the French Conte" (*Flores y Blancaflor*, 87 n.24). It must be recalled that, for Correa Rodríguez, the Spanish manuscript derives from manuscripts from the two French families.

[216] *7583*: elcaçar.

[217] *rodada*: redonda [*round*].

dos de aquellas donzellas, e de las que le yo vi tomar por mugeres son ya sesenta, e quando casa con ellas, a la que non falla virgo mandala matar, e fasta aqui esta fue su vida e su costunbre deste nuestro señor. Pero segunt me fizieron entender, el rey pagase mucho de vna donzella que conpro agora poco tienpo ha, que dizen Blancaflor, que es muy fermosa, e quiere por amor della el rey dexarse desta costunbre e tomarla por muger para sienpre. E dize que fara muy grandes cortes e muy ricas bodas, e que jurara por nuestra ley e le prometera, mientra viua fuere, que nunca otra muger amara.

El ynfante, quando lo oyo contar a don Daytes que el rey querie casar con Blancaflor, ouo tan grand pesar que perdio la color e estudo vn rato que non pudo fablar, e començo de sospirar tan de rezio que se le querie arrancar el coraçon, pero quisose encobrir del e esforçose. E dixole:

—Huesped, estrañas cosas son estas que el rey faze, e pues el de la donzella se paga asi como vos dezides, mas ricas bodas seran estas que quiere fazer que las otras que fizo fasta aqui. E de mi vos digo que me quisiera tornar para mi tierra, mas pues me dezides que el rey quiere fazer tan nobles cortes, quiero fincar aqui fasta que sean passadas por ver las noblezas que y seran fechas. E bien vos digo en verdat que non ha en el mundo cosa por que en otro logar quisiese estar.

E diziendo esto, el ynfante don Daytes touole ojo e vio como se demudaua,[218] e en fablando con el paraua mientes e semejaua que quando nombraua a Blancaflor que se demudaua todo e se retenia de fablar, e marauillose del por que lo fazia. E desque estas razones ouieron el ynfante e don Daytes, fuese el ynfante para su camara. E enbio luego por Gaydon su maestro e por don Gandifer su ayo, e fablo con ellos en poridat e dixoles todo lo que fablara con don Daytes su huesped. E Gaydon e Gandifer començaron a consejarle que enbiasse sus presentes a don Daytes e a su muger e que les fiziese mucha onrra por que los pudiese auer de su parte. E el ynfante fizolo asy muy largamente, a tanto fasta que despues le prometieron ellos que farien quanto mandase. Despues desto finco el ynfante muy desconortado por que le dixera su huesped que el rey querie casar con Blancaflor. E escomenço a dezir:

—¡Ay muerte! ¿Por que me non lleuas? Ya que non tornas cabeça en me matar, yo guisare en como me mande matar el rey, ca ante querria ser muerto çient vezes, si pudiese ser, que yo ver casar a Blancaflor con otro.

Quando esto oyeron Gaydon e Gandifer ouieron grand piadat de su criado e dixeron asy:

—Fijo, non vos quexedes, que por demandar vos la muerte non vos verna fasta que vos venga el tienpo que vos es establesçido, e mejor vos sera que tomedes consejo por que ayades aquello por que aqui venimos. E enbiad por don Daytes e por Licores su muger, e prouad si vos querran ayudar e consejar en este fecho.

---

[218] *demudaua*: cambiaba de color [*he changed color (in his face)*].

Al ynfante plogole, segunt que la su voluntad querie, e enbio luego por ellos e ellos vinieron luego a el. E el acogiolos muy bien e començoles a agradesçer quanto plazer e quanto seruiçio le fazien, rogandoles mucho que si les cunpliese[219] alguna cosa de lo que el auie que gelo dixesen,[220] e que partirie con ellos lo que ouiese. E ellos, teniendose ya por muy encargados del grand algo que les auie fecho e con esto que les prometie, gradesçierongelo e prometieronle que le serien mandados en todas las cosas del mundo que el mandase, asi como a su señor el rey. Estonçes dixo el ynfante:

—Quierovos agora descubrir toda mi fazienda. Sabed que yo non vine a esta tierra por otra razon saluo por cobrar aquella Blancaflor que me vos dexistes que conprara el rey muy poco tienpo ha, que es la cosa que en el mundo yo mas amo. Ca yo e ella nasçiemos en vn (fol. 24) dia, e en vno nos criamos fasta que llegamos a hedat de diez e ocho años, e por el muy grand amor que era e es entre nos, vendiola el rey mi padre porque non era su voluntad que yo casase con ella porque vinie de linaje de cristianos, pero que comoquier que ella venga de cristianos, sabed que de muy altos omnes, asi como fija de conde e nieta de duque.[221]

Desy contoles todo el fecho como auie passado fasta que llegara a aquella çibdat, segunt que lo ha contado la estoria. Quando esto oyeron don Daytes e Licores su muger, comoquier que se metiese a grand aventura,[222] otorgaronle que le ayudarien e le consejarien lo mejor que ellos sopiessen, pero rogaronle que fuese mucho en poridat por que les non viniese en ello mal. E el ynfante e su maestro e su ayo fizieron los omenajes con jura que nunca los descubriesen por saber morir.[223] Despues desto, el rey enbio por el ynfante e dixole como el fijo del galifa se querie tornar para su padre, e que le rogaua que fuesse con el a escorrirle,[224] e el ynfante dixo que le plazie e fuesse con el tres andaduras[225] faziendole muy grand plazer. Desy tornose para la çibdat de Babilonia. Mas agora dexa la estoria de contar del Ynfante Flores por contar de las otras cosas que acaesçieron en España.

---

[219] *les cunpliese*: quisiesen, les apeteciese [*they wanted, they longed for*].

[220] *7583:* dixese.

[221] Flores is not clear about Blancaflor's family. His assertion that Blancaflor is the daughter of a count and the granddaughter of a duke is erroneous, for at the beginning of the story we are told that she is, instead, the daughter of a duke and the wife of a count. Based on this information we know for sure that she was not the daughter of a count, but we have no way of verifying who her grandfather was. Most likely, the compiler remembers the titles of "count" and "duke" from the beginning of the story, and has mixed up their relation to the heroine.

[222] *a grand aventura*: en empresa peligrosa [*a dangerous adventure or business*].

[223] *por saber morir*: hasta la muerte, aún bajo pena de muerte [*even if they were threatened with death*].

[224] *escorrirle*: Salir acompañando a uno para despedirle [*to say farewell to somebody*].

[225] *tres andaduras*: Distancia recorrida en espacio de tres días [*Distance covered in three days*].

XIV. De los fechos de España[226]

Andados treze años del reynado del Rey don Alfonso el catholico, que fue en la era de 784, quando andaua el año de la encarnaçion del Señor en 737 e el ynperio de Costantin en 9, cuenta la estoria que mientra el Ynfante Flores andaua en busca i[227] de Blancaflor, el Rey Fines su padre visquio[228] sienpre en grand cuydado fasta que el ynfante torno. Por ende, Ocha rey de Cordoua estido en paz teniendo el su reyno bien parado, e pues que ouo acabado bien çinco años que reynara, tomole grand enfermedat de que murio, e puso en su logar—con consentimiento de los de Cordoua—a Abdemelic, el que tenie preso. E reyno Abdemelic la segunda vez vn año. E ese año escomenço Ysca Miramomelin vna grand enemiga que tenie condesada en su coraçon de luengo tienpo, en ser mucho mas esquiuo e mas que el contra los suyos solie. E non podiendo ya encobrir la su grand cobdiçia que el traya asi ascondida, començo malamente a despechar las gentes de su regno, mas los que morauan en aquella parte do se comiença tierra de Arabia—que es por do Oçidente contra Oçidente—e los de la ysla que va contra medio dia . . .[229]

prendieronlo e dieronle muchas penas e muchos tormentos, e al cabo descabeçaronlo. E tantas batallas fizieron en tierra de Belgi, e a las partidas de Oriente e de Oçidente, e a tantos mataron que a duro lo podrie omne contar nin dezir, nin lo contar la estoria. Ese año que murio Ysca Miramomelin, quando lo sopo el Rey Fines, su fijo, esforçose a defender su regno. Mas cuydando que su fijo Flores era muerto o perdido en buscando a Blancaflor, fizo su postura e su abenençia con Abdemelic que touiese el rey del, pero que se llamara[230] rey de Almeria. Otrosy en ese año entro en orden de los monges el rey de Françia, e fue esleydo[231] por rey de todas las françias Pepino rey de Austra, por actoridat del apostoligo e por elecçion de los françeses, e fue vngido e consagrado por mano de Bonifaz, arçobispo de Maença,[232] e regno diez e ocho años. E quando començo a regnar era mançebo de diez e nueve años. Este Rey Pepino fue casado

---

[226] *7583:* capit<ul>o xxx q<ue> dexa agora de contar de flores & torna a contar delos fechos de espan<n>a.

[227] *i:* y, allí [*there*].

[228] *visquio*: vivió, moró [*he lived*].

[229] The compiler has moved most of the text belonging to this chapter to chapter XXVIII (this edition), starting with "donde era natural vn omne poderoso que auie nombre Belgi". This information, which should be placed between these two paragraphs here, was probably moved due to a misplaced folio in the original. Cf. Bautista, *La materia de Francia*, 181.

[230] *7583*: llamaua.

[231] *esleydo*: escogido [*chosen*].

[232] Saint Boniface (ca. 680–715), archbishop of Mainz [MS. *Maença*] (Germany).

con Berta,[233] fija de Flores e de Blancaflor, asi como la estoria lo contara adelante. Mas agora dexa la estoria a contar desto por fablar de Flores e de Blancaflor.

XV. De Flores e Blancaflor[234]

Dize Sigiberto en su estoria que fizo de Flores e de Blancaflor que quando el rey de Babilonia se torno a la çibdat de Babilonia, e el Ynfante Flores con el, que luego, a otro dia que llegaron, ayuntaronse el infante e Gaydon e Gandifer, (fol. 25) e mandaron llamar a don Daytes e a Licores, sus huespedes. E desque fueron todos ayuntados, dixoles el ynfante a don Daytes[235] e a Licores:

—Vos que sodes de aqui naturales me podedes consejar en manera porque yo recabde por lo que vine. E ruegovos que lo fagades asi como me auedes prometido, e yo fare asi como me vos consejardes e non reçelare ningunt peligro.

Quando esto oyeran[236] don Daytes e Licores, como auien asmado en como le consejasen, dixeron:

—Pues que asi es, dezirvos hemos como fagades. Caualgad de grand mañana e non leuedes grand conpaña, e yr ver la torre do esta Blancaflor e catarla hedes en derredor[237] comoquier que toda non la podredes andar, ca se ayunta con el alcaçar mayor e ha vna puerta contra el alcaçar e otra de fuera. E esta que es de fuera guardala vn portero que nunca se quita dende synon quando come. E quando se quita dende dexa la puerta çerrada e sellada con su sello. E el, quando vos viere, preguntarvos ha que catades, o quien sodes, e vos dezilde que sodes el ynfante que libro al rey de mano de sus enemigos, e que venides catar aquella torre para fazer otra tal quando fueredes en vuestra tierra.[238] E el, quando esto oyere, fazervos ha mucha honrra, e vos conbidaldo muy afincadamente que venga a yantar convusco, e el fazerlo ha. E el es un omne que ha grand sabor de jugar las tablas e el axedrez, e de que ouieredes yantado e estudieredes en solaz, el dira que sy a y alguno que quiera jugar, e vos dezid que jugaredes con el. E comoquier

---

[233] The real "Berta" (Berthe) to whom Pepin the Short is married is Bertrada of Laon (720–783), daughter of Count Caribert of Laon and Bertrade of Cologne, who was known as "Berthe aux grands pieds." Her grandmother's name—on her father's side—was Berthe de Neustrie, so this fictional feature resembles a historical fact.

[234] 7583: capit<ul>o xxxi q<ue> torna a contar de flores & blanca flor.

[235] 7583: gaytes.

[236] 7583: oyera.

[237] Notice the rhyme in these two sentences. Other examples in the text, as "señora, tomad este çesto con estas flores, que en vuestra vida nunca vistes tales nin mejores" could suggest the poetic original of the legend so often postulated by scholars.

[238] In the Spanish printed edition, Flores cannot identify himself as the savior of the sultan, because it lacks this episode. In the sixteenth-century edition, then, Flores approaches the tower with the excuse of looking for a falcon he has lost while hunting, and directly challenges the guardian to a game of chess.

que el ha muy grand sabor desto, non es maestro de jugar, e quando escomiença a perder jugarie todo quanto en el mundo ouiese, e vos ganad vna vez e dexadvos perder dos o tres. E quando esto viere, avra muy grant sabor de jugar convusco. E mientra el jugar quisiere, guardad non vos alçedes.[239] E quando fuere al quitar, mandalde dar algo de lo vuestro e conbidalde que venga cada dia comer convusco. E el dezirvos ha que lo non podra fazer, que ha de guardar la puerta de la torre, mas dezirvos ha que verna a dias a jugar convusco, e si por auentura vos dixere que vayades jugar con el, yd alla, e todavia fazed en la manera que vos he dicho. E comoquier que es portero de la torre, es cauallero e omne de buen logar, e desque ouieredes fazimiento con el, el vos puede guisar como subades a la torre.[240]

Quando esto oyo el infante plogole mucho, e touo que por aqui podrie acabar aquello que mucho deseaua. E desque fue otro dia fue ver la torre e acaesçio bien assy como dixeran sus huespedes. E tamaño fue el fazymiento e el amor que ouo con el portero que ouo vn dia a conbidiar al ynfante que fuesse comer con el. E el ynfante, por consejo de don Daytes, fizolo, e leuo la copa de oro que fuera dada por Blancaflor. Aquel portero auia su morada çerca la torre, muy grand e muy buena, e quando vio que el ynfante le otorgaua que comerie con el mandole guisar muy grand yantar, e fizo fazer muy ricos estrados[241] en aquella morada, e puso su mesa del ynfante a su cabo, muy alta e muy noble. E quando el infante se asento a comer, mando que le pusiesen la copa delante. E quando la vio el portero fue muy pagado della. E el ynfante entendiolo, e desque ouieron comido diogela, e el portero gradesçiogelo e fuele besar las manos, mas el ynfante non gelas quiso dar e abraçole, e dixole que aquello era poco, mas que le darie de grado de lo suyo quanto el quisiese, asi que el fazimiento fue muy grand entre ellos. E ouole a prometer el portero su amor, a que llego el pleito que le juro e prometio que le seruirie e farie todas las cosas del mundo que el mandasse. E desque el ynfante ouo tomado omenaje del, dixole toda su fazienda asi como la dixera de ante a don Daytes e a Licores, pero esto en poridat. E quando lo oyo el portero, fue tan espantado que perdio la color, ca sabie que se metie a cosa que podrie por ende tomar muerte si el rey lo sopiese, pero con todo esto dixo al infante:

—Señor, ¿como podria fazer que vos pueda sobir a la torre? Ca maguer[242] que yo so portero della, a y dentro otras (fol. 26) muchas guardas, asi como mugeres e castrados que siruen a las donzellas que non querria que sopiesen de vuestra poridat.

---

[239] *non vos alçedes*: no os alcéis, no os retiréis, no dejéis de jugar [*do not go, do not stop playing*].

[240] For the rescue see W. J. Aerts, "The 'Entführung-aus-dem-Serail' Motif in the Byzantine (Vernacular) Romances," in *The Ancient Novel and Beyond*, ed. S. Panayotakis et al. (Leiden: Brill, 2003), 381–92, esp. 387–91.

[241] *estrados*: Lat. *stratum*. Asientos, sitios de honor [*Chairs, thrones*].

[242] *maguer*: aunque, a pesar que [*even if*].

Dixo el ynfante:

—Vos asmad como pueda ser, ca yo aparejado esto de vos lo pechar como vos mandaredes.

Dixo el portero:

—Señor, ¿queredesvos aventurar a subir en qualquier manera que vos lo pueda guisar?

E el ynfante dixo que si. E el portero dixole:

—Pues que tan a coraçon lo auedes, yo quiero asmar en que manera pueda ser, e dadme plazo fasta cras[243] que piense en ello.

E quando vino otro dia fuese para el ynfante e dixo:

—Señor, yo he pensado mucho en vuestro fecho, e non he fallado carrera[244] que pueda ser sinon vna. Yo he acostunbrado que quando viene el tienpo de las rosas e de las flores,[245] que enbio çestos llenos dellas a las donzellas de la torre, e do a cada vna el suyo, e agora es el tienpo ca es el mes de avril.[246] Pues yo he asmado que entredes en vn çesto de aquellos, e cobrirvos he de flores e de rosas, e yo asi he asmado de vos sobir por que cunplades vuestra voluntad, e leuare a mis cuestas el çesto do vos yredes, ca me non fiaria en otro omne que vos alla subiese, e metervos he en la camara donde mora Blancaflor, e por esta manera la podedes aver. Mas bien vos digo que me semeja que nos metemos a grand peligro, que si el rey lo sabe non podemos estorçer[247] que non nos mande matar. E sinon fuesse por lo que vos he prometido e vos fize yo omenaje, cosa es en que me non trabajaria.[248] E pues que non ha pro que me arrepienta, e pues non lo pueda dexar de fazer, ayudenos Dios por que recabdedes lo que vos queredes e yo finque en saluo.

Dixo el ynfante:

—¡Amen!

Dize la estoria que todas estas razones que ouo el ynfante con el portero que las ouieron amos en su cabo, que non sopieron ende ninguna cosa Gaydon su maestro e Gandifer su ayo. Mas quando oyo dezir al portero que le subirie en el

---

[243] *cras*: mañana. Lat. *cras* [*tomorrow*].

[244] *carrera*: forma, manera [*way*].

[245] Roses are always distinguished from other flowers in medieval literature. J. B. Avalle-Arce claims that "as the queen of the flowers, the rose deserves a separate and special place": Garci Rodríguez de Montalvo, *Amadís de Gaula*, ed. J. B. Avalle-Arce (Madrid: Espasa-Calpe, 1991), 128, n.5.

[246] In the month of April, the maidens in the tower receive baskets filled with flowers as a compliment of the sultan. It is in one of these baskets that Flores will make his way into Blancaflor's chamber. It is symbolic that the lovers reunite on the same day that they were born (*Pascua Florida*)—although the *Chronicle* does not make it explicit—and that *Flores* is hiding in a "cesta de *flores*." In the Spanish printed version, however, the date is clearly stated: "Y como fue venido el domingo, primero día de pascua de flores..." (Baranda and Infantes, *Narrativa*, 118).

[247] *7583:* estonçer.

[248] *en que me non trabajaria*: en que no tomaría parte [*I would not take part in it*].

sesto,[249] touo que gelo estoruarien porque se auenturaua e metie a grand peligro. Antes diz que se les furto de noche en ropa desconosçida en su cabo e se fue a casa del portero. E el portero tenia ya guisado todo lo que le dixera, e en amanesçiendo metio al ynfante en el çesto e cubriole ençima e enderredor de rosas e flores, e tenia pieça de çestos llenos para enbiar a todas las donzellas, asy como auie acostunbrado. E desi mando llamar de aquellos castrados que siruyen las donzellas e mandoles que tomase cada vno su çesto e que los subiesen a la torre, e que diesen a cada donzella el suyo. Desi començaron a sobir por las gradas arriba, e asi como yuan llegando por las camaras, dauan a cada vna su çesto. E el çesto en que yua el ynfante tomolo el portero mismo a sus cuestas como gelo auie prometido e subiolo a la torre, a la camara de Blancaflor.[250] E dixole:

—Señora, tomad este çesto con estas flores, que en vuestra vida nunca vistes tales nin mejores.[251]

Desi deçendiosse de la torre. Blancaflor, non se aperçibiendo de aquella palabra que le dixera el portero, estando en su cabo e non se reguardando de tal cosa, fue al çesto por catar las flores que le troxiera e puso su mano en ellas por tomar vna que oliese. E el ynfante quando la sintio alço la cabeça, e ella ouo miedo e dio vna grand boz que todas las otras donzellas de la torre lo oyeron e venieron alli a ella. E la primera que llego fue vna que llamauan Gloris.[252] Esta vio muy bien al ynfante como se auie tornado al çesto, e non quiso dezir ninguna cosa a las otras donzellas, e preguntaron a Blancaflor que ouiera, por que diera tan grandes bozes. E ella dixo:

---

[249] *sesto*: cesto [*basket*].

[250] The strategy used by Flores to get to the tower is another important point to consider when comparing the different families. In the texts belonging to family III, the basket where Flores is hiding is lifted into the tower with a rope through a window, although in the Spanish sixteenth-century edition it is not clear which method is used. In both the *Chronicle* and the French manuscripts, the guardian of the tower personally takes the basket upstairs. In the *Amadís de Gaula* there is a similar episode (*Amadís*, ed. Avalle-Arce, 356–57), but we may recall a very popular story in the Middle Ages in which the poet Virgil is suspended from a tower in a basket. See H. Goldberg, *Motif-Index of Medieval Spanish Folk Narratives*, MRTS 162 (Tempe, AZ: ACMRS, 1998), 102 (no. K. 1211), and cf. no. K 1343.1, for the basket trick.

[251] Apart from the double meaning of the guardian's words, which Blancaflor does not understand immediately, notice again the flower symbolism and the rhyme.

[252] The character of Gloris has also been used in comparative studies of the legend. In the French versions she is called *Cloris* and is, as in the *Chronicle*, Blancaflor's partner. In the Mediterranean versions, including the Spanish printed edition, *Glorisia* or *Gloricina* is Blancaflor's servant. Her role in the story also changes depending on the version. In the Spanish sixteenth-century edition, she travels with Flores back to Spain and marries the guardian of the tower. The *Chronicle*, which is the only text in which we find a full description of the character, gives Gloris a better—and more glamorous—end, for the sultan takes her as wife and makes her queen of Babylon in Blancaflor's place.

—¡Ay señoras! ¡Yo que vine por tomar destas rosas, sallio dende vn auejon muy grand e firiome en el rostro, e oue miedo, e por aquesto di la boz.[253]

Quando esto oyeron las donzellas escomençaron a reyr e dixeron:

—¡Par Dios, Blancaflor! ¡Grand miedo ouistes! E si fuera al, non vos espantarades asi.

E sobre esto reyeron mucho. E desi partieronse de ally e fuese cada vna para su camara, sinon tan solamente Gloris que finco con Blancaflor. Esta Gloris fuera cristiana e era mucho amiga de Blancaflor, e sabie ella muy bien el grand amor que auie con el ynfante, e ella otrosi sabie como el ynfante era en la villa, ca muchas vezes gelo dixera Blancaflor. E estando amas en vno fue Gloris e çerro la puerta de la camara, e dixo a Blancaflor que ella viera muy bien como yazie (fol. 27) ombre en aquel çesto. Estonçe se acordo Blancaflor de la palabra que le dixera el portero, e dixo a Gloris:

—E vos, amiga, ¿quien asmades que podria ser?, ca el portero mismo lo subio aca e me dixo esta palabra.

E dixo Gloris:

—Por buena fe, amiga, bien cuydo que es el Ynfante Flores ante que otro ninguno.

Quando oyo el ynfante que Blancaflor non se encubrie de Gloris sallio del çesto, e quando Blancaflor lo vio e lo conosçio, ¿quien vos podrie contar la grand alegria que ouieron? E començaronse a abraçar muchas bezes, e tan grand era el plazer que auien, que se cataua[254] vno a otro, e non se podien fablar, e estudieron asi muy grand rato. Quando esto vio Gloris dixo a Blancaflor:

—Hermana, ¿conosçedes estas flores?

Dixo Blancaflor:

—Por buena fee, hermana, conosco, e gracias sean dadas a Dios e a vos, cobrado he yaquanto bien en el mundo deseaua, e avn venga tiempo que vos yo pueda gualardonar quanto bien me fezistes en lo encobrir.

Dixo Gloris:

---

[253] Blancaflor's excuse to the maidens after they hear her scream is yet another important point to consider when comparing the different versions of *Flores y Blancaflor*. Nevertheless, only in the Spanish *Chronicle* is Blancaflor the one to scream, since in the remaining versions it is her partner (or servant) Gloris who is the first to see Flores hiding in the basket. In the French families (I and II) she says that a butterfly has flown into her face. In the *Cantare*, *Filocolo*, and the Spanish printed version, she claims it was a bird. In the *Chronicle*, Blancaflor argues that a bee has flown out of the basket. Gómez Pérez ("Leyendas medievales," 62) omits this crucial passage in his edition, and Grieve's hypothesis (*Floire and Blancheflor*, 42) that the *Chronicle*'s "auejon" could be referring to a large bird ("aue" + "-on") and not a bee, is not etymologically possible.

[254] *7583:* cataua.

—Hermana, estos dias estauades sienpre triste e cuydando, e non vos plazie con ninguna cosa que viesedes. Agora veovos pagada e alegre e bien andante, e bien vos digo que esta flor que ha grand virtud en si, que asi vos guaresçio.

Estonçe dixo Blancaflor:

—Non a y marauilla, ca este es el que vos yo dizia que amaua mas que el mi coraçon, e que deseaua mucho ver. E dezirvos he verdat, desde oy mas, avn que lo sepa el rey, non dare por ella[255] ninguna cosa. E por me mandar matar non dexare de dezir que este es la cosa del mundo que mas amo.

Quando esto oyo Gloris dixo que lo creye. Esta Gloris fuera furtada del ynperio de Alemaña moça pequeña, e fuera passada de vltra mar e presentaronla al rey de Babilonia. E Blancaflor e ella auien por ofiçio que yuan cada mañana a dar al rey que vistiese, e aguamanos,[256] e por esto auien grand amor en vno, e desi rogo Blancaflor a Flores que gradesçiese a Gloris quanto plazer e quanto amor le auie fecho en los encobrir. E dixole en como era fija de vn duque de Alemaña. E despues que la el rey conprara, que fazien amas vna vida e que se aconpañauan en vno, e que le fiziera sienpre mucho plazer e mucha honrra. Estonçe amos a dos agradesçierongelo mucho e rogaronle que por Dios e por su mesura que los encubriese. E ella otorgoles que lo farie, e que pensarie dellos lo mejor que pudiese. E dixo a Blancaflor:

—Hermana, folgad e aved plazer, ca quando fueremos cada mañana a seruir al rey yo vos llamare, e vos podredes encobrir a vuestro señor don Flores fasta que Dios ponga vuestra fazienda en mejor estado, e agora quieromo yo yr para mi camara, e fincad vos, e Dios que vos aqui ayunto por la su merçed vos guarde de peligro.

Estonçe salliose Gloris e çerroles la puerta de su camara, e fincaron amos a dos en su cabo e començaron a fablar. Desi dixo Flores a Blancaflor:

—Amiga, señora, ¿quien vos podrie contar el muy grand plazer que yo he en el mi coraçon, pues que vos he cobrada? Ca del dia que de mi vos partieron nunca oue plazer nin oy nin vi cosa en que me pluguiese.

Estonçe saco el anillo que le diera su madre e diogelo, e ella tomolo e pusolo en el dedo,[257] e dixo al infante:

—Señor, yo so vuestra catiua, e fizome Dios merçed que vos metio en coraçon que vos mouiesedes a trabajar de me buscar, e sabe Dios la verdat, que me non peso a mi menos que a vos quando de vos me partieron, e vuestro padre a sinrazon vendiome a mercadores por me vos fazer oluidar, mas loado sea Dios que vos he cobrado.

---

[255] *por ella:* por mi vida [*for my life*].

[256] *dar . . . aguamanos*: Servirle el agua con el aguamanil en otro jarro, para que se lave las manos [*to provide water to another in order to wash his / her hands*].

[257] This could be considered the first wedding of the heroes. It is, at least, indicative of the different weddings that are to follow.

E estando asi, començaron a contar los grandes trabajos e todo el grand deseo que ouieron desde el dia que los partieron fasta aquella ora. Cuenta la estoria que nueue dias moro el ynfante en la torre a muy grand sabor de sy. E Gloris pensaua muy bien dellos de todo lo que auien menester. E cada mañana yuan ella e Blancaflor a seruir al rey, asi como lo auien por ofiçio. Mas agora dexa la estoria a fablar dellos por contar de Gaydon su ayo e de Gandifer su maestro.

XVI. De Gaydon, ayo de Flores, e de Gandifer, su maestro[258]

Avn va la estoria contando el fecho de Flores e de Blancaflor, e dize ende asi, que quando[259] (fol. 28) el Ynfante Flores se furto de su conpaña e se fue para el portero que le subio a la torre, segunt que la estoria lo ha contado, Gaydon e Gandifer fueronse por la mañana a la camara do solie yazer el ynfante e non le fallaron, e preguntaron por el a los porteros. E ellos dixeron que se leuantara a la medianoche e que sallera de la camara[260] e que non tornara y. E despues, que cuydaran que era ydo a fablar con ellos. Gaydon e Gandifer fueronse a casa de don Daytes e preguntaronle por el ynfante, e el dixoles que le non viera, mas que fuesen al portero de la torre, e que del podrien saber algunas nueuas do era. E ellos fizieronlo luego e fueronse para casa del portero, que les dixo como era suso[261] en la torre e contoles todo el fecho como pasara. E esto fizieron Gaydon e Gandifer tan encubiertamente que ninguno non gelo entendio, pero que les peso mucho, ca touieron que sy alguna cosa acaesçiese al ynfante, que el Rey Fines su padre los meterie a ellos en culpa porque non le guardaron asi como deuien,[262] e acordaron—pues que asy era—que lo encubriesen fasta que el ynfante fuese fuera de la torre. E sy el rey preguntase por el, o algunos de su corte, que dixesen que era doliente e que guisasen que ninguno non entrase en la su camara por que se non descubriese. E asi finco encubiertamente el ynfante en la torre con Blancaflor.

Mas al seteno dia que el infante auie estado en la torre, auino asi que se leuanto Gloris de grand mañana como solie e paso por la camara do yazien Flores e Blancaflor, e llamola e fuese seruir al rey. E Blancaflor respondio soñolenta

---

[258] 7583: capit<ul>o xxxii q<ue> fabla de gaydon ayo de flores & de gandifer su maestro.
[259] 7583: que quando quando el ynfante.
[260] The text departs from what we have read before. Flores had secretly escaped from his chamber very early in the morning [MS. *de grand mañana*], disguised in strange clothes so that nobody would recognise him. Now it seems that there are witnesses to his escape, since the doorkeepers claim that he left around midnight [MS. *medianoche*]. The two temporal references might indeed refer to the same moment, but Flores's escape did not go unnoticed.
[261] *suso*: arriba, antes [*above, up*, also *previously*].
[262] 7583: deuie.

e dixo que se fuese yendo, que luego yrie en pos ella. E desque fue Gloris yda adurmiose Blancaflor, e Gloris cuydando que venie, pues que auie respondido, fue deçendiendo mucha aprisa e parose ante el rey. E el rey quando la vio e non vio a Blancaflor preguntole por ella, e Gloris por la escusar dixo que toda esa noche non durmiera leyendo en vn libro de oraçiones rogando a Dios por el, que le diese vida e salud, e que fincara cansada e se adurmiera a la mañana.[263] E el rey dixo que lo fazie muy bien e que gelo gualardonaria, pero que le dixese que otra noche tanto non velase e que non se adormiria, e que le viniese a seruir. E desque Gloris ouo seruido al rey fuese a Blancaflor e dixole lo que auie passado e como la auie escusado, e que se guardase non cayese otra vegada,[264] sinon que se verie en verguença. E otro dia de mañanana leuantose Gloris e llamo a Blancaflor que fuesen al rey seruir, e dixo Blancaflor que luego yrie, e que se fuese, que ante serie alla que non ella. E en queriendose leuantar, trauo de ella Flores e detouola, e adormieronse amos. E Gloris tomo el baçin e las façalejas[265] con que diesen aguamanos al rey, e llamo otra vez a Blancaflor. E ella, como era adormeçida, non le respondio, e cuydo Gloris que era yda e deçendio de la torre e fuesse para la camara del rey, e como la vio preguntole por Blancaflor e dixole que podrie ser que non le querie seruir, e que ya lo auie fecho otra vez e que gelo enbiara castigar, e que non daua por ello nada e que mandarie fazer tal escarmiento en ella por que lo non fiziese mas. Gloris, quando vio al rey tan sañudo,[266] ouo miedo e finco mucho envergonçada, e non sabie que escusa poner por que la pudiese saluar. E dixo al rey:

—Señor, ella se leuanto primero que yo e me llamo a mi, e cuydando que era venida vine para vos, mas agora sera aqui.

E el rey, con la grand saña que ouo, non quiso atender mas e mando a vn su repostero que subiesse a la torre e que gela llamasse. E el repostero fue alla, e quando llego a la camara paro mientes por vna finiestra que y auia e vio yazer dos en vna cama e durmiendo, e non se acordo de Gloris que dexaua ante el rey e cuydo que ella era, e non los quiso despertar, e tornose para ante el rey e dixogelo. E dixo el rey que como mintie, que Gloris alli estaua, e el repostero[267] respondio que otra donzella podria ser que yazie con ella en la cama. Quando el rey vio que el repostero afirmara como viera dos en la cama yazer començo a cuydar que podrie ser, e sospechaua mas que serie varon ante que non muger, pero que dubdaua en ello porque sabie que la torre era bien guardada, e que non se atreuerie

---

[263] The fact that Gloris excuses Blancaflor, arguing that she has been reading in a book of prayers, is shared with the versions of northern Europe. Nevertheless, only the *Chronicle* makes the nature of the book explicit, for in the other versions we must assume that this book is a book of prayers (cf. Grieve, *Floire and Blancheflor*, 40).

[264] *vegada*: vez. Lat. *vicata* [*another time*].

[265] *façalejas*: Lat. *facies*. Toallas, piezas de felpa [*towels*].

[266] *sañudo*: con saña, enfurecido [*furious*].

[267] *7583:* respostero.

Crónica de Flores y Blancaflor

ninguno a subir a la camara a cometer tal cosa, e demando (fol. 29) su espada. E mientra que el rey pensaua en esto, Gloris quisierase sallir de grado por yr encobrir a Flores e Blancaflor, lo vno por guardarlos de aquel peligro, lo al porque se temie ella que si ellos fuesen descubiertos, que ella non podrie escapar dende sinon mal. Mas tamaño fue el miedo que ouo del rey que non oso sallir del palaçio por que non gelo entendiese.[268] E desque el rey ouo tomado su espada sallio del palaçio e fuesse para la torre, e quando llego a la camara do estauan[269] Flores e Blancaflor parose a vna finiestra por do entraua el sol e violos yazer a amos a dos en vna cama en que durmien muy asosegados, e teniense los braços el vno so el otro. E Blancaflor tenie la cara contra la finiestra, e conosçiola luego el rey e non al ynfante, e touo que era alguna de las otras donzellas de la torre.

E el rey mando a Gloris que entrasse por la camara e que las despertase, por que sopiese quien era la otra que yazie con Blancaflor. E Gloris fuelos despertar asi como el rey mando. E ellos, quando despertaron, el ynfante boluio la cabeça e vieron que eran descubiertos e que los veye el rey e tenie su espada en la mano, e ouieron tan grand miedo que se amortesçieron e estudieron muy grand pieça que non pudieron fablar. E el rey, quando vio que el ynfante era e lo conosçio bien, metio mano a su espada e entro en la camara, e tanto fue el pesar que ouo que los quiso matar. Mas Dios, que sienpre acorre a los cuytados, acorrio alli a estos dos enamorados por que ellos e otros que viniesen despues dellos lo seruiesen e loasen su nombre, e metio al rey en voluntad que los non matase. E començo a cuydar entre sy como podrie ally entrar el ynfante, seyendo la torre bien guardada. E vinole emiente de quanto seruiçio le auie fecho e como era omne de grand logar. E touo que sy asi lo matase que le estarie mal, e que era mejor saber de ellos ante quien subiera al ynfante a la torre por que pudiese tomar vengança de aquellos que gelo fizieran guisar.[270] Entonçes dixo al ynfante:

—Don Flores, bien sabedes vos que despues que a la mi tierra venistes, que party convusco lo que auia, e fiaua de vos mucho, e non fazie en ello sin guisa, ca de tal omne como vos non deuie omne sospechar synon bien. E agora fallovos aqui con esta mi donzella que conpre muy poco tienpo ha por muy grand aver que di por ella, e amauala muy mucho e queria fazer por ella tanto que quando lo sopiesedes marauillarvos edes ende. Mas ya que vos tan desmesurado fuestes, e vos atreuistes a entrar en la my torre e a fazerme tamaña desonrra, yo tomare de vos tamaña vengança que todo el mundo ende fable. Pero quiero que me digades ante quales fueron aquellos que vos lo consejaron, o como lo pudistes guisar. E sy verdat non me dezides yo vos dare a vos e a la donzella muy cruel muerte.

---

[268] *entendiese*: descubriese, adivinase [*guessed*].
[269] *7583:* estaua.
[270] *7583*: gisar.

El ynfante, quando esto oyo, asentose en la cama e vistiose mucho aprisa vn pellote,[271] e leuantose de la cama e echose a los pies del rey, e pidiole por merçed que le oyesse. E dixole:

—Señor, a lo que me dezides que me fiziestes mucho algo e mucha ayuda, e que fiauades de mi, verdat es que tan conplidamente auia yo la vuestra merçed que yo non vos deuiera errar en ninguna guisa, pero fio yo en la vuestra merçed e pidouos por Dios que querades saber la mi fazienda, e fio yo por Dios e por vos que quando lo sopieredes, comoquier que vos yaga en culpa, que vos sodes tan bueno e tan mesurado que non cataredes a mi yerro, e si voluntad tenedes de me matar, que me judguedes ante por vuestra corte.

E el rey, con grand saña que auia non le quiso oyr mas razon, e mando que los metiesen a amos en vna camara como en manera de presos e que los guardasen muy bien. Dize la estoria que quando Gaydon e Gandifer sopieron que el rey auia fallado a Flores su señor[272] con Blancaflor e que los tenie en su prision fueron muy cuytados, ca touieron çiertamente que non podrian estorcer de muerte, e que ellos que se verien en peligro, que sospecharie el rey que por su consejo subiera el ynfante a la torre. E ouieron su acuerdo que fuesen al rey e que le dixesen toda la verdat de la fazienda del ynfante a quequier que ende recudiese,[273] e fueronse para el al alcaçar e enbiaron dezir al rey que le querian ver. E el rey, como estaua sañudo, enbioles dezir que non entrasen a el nin le verien fasta que se ayuntase su corte e judgase al ynfante su señor, e que le mandarie matar e tomarie vengança del atreuimiento que fiziera e de la desonrra que le fiziera. E que sy pudiese saber que ellos fueran en el consejo, que a ellos farie eso mesmo. E ellos estonçe (fol. 30) tornaronse para su posada e acordaron que quando la corte fuesse llegada que era mejor mostrar la fazienda del ynfante por corte que non en otra manera, e ellos que fiziesen y su poder, e lo al que lo dexasen en Dios. Mas agora dexa la estoria de fablar desto e torna a contar en los otros fechos que acaesçieron en España.

XVII. De los fechos que acaesçieron en España[274]

Andados catorze años del reynado del Rey don Alfonso el catholico, que fue en la era de 785, quando andaua el año de la encarnaçion del Señor en 747, e el ynperio de Costantin en 10, ouieron los alaraues[275] e los africanos acuerdo en vno a Vlit el

---

[271] *pellote*: Lat. *pellis*. Vestido talar antiguo [*old piece of clothing*].

[272] This is the first time that the manuscript refers to Flores as the lord [MS. *señor*] of Gaydon and Gandifer.

[273] *a quequier que ende recudiese*: a cualquiera que allí acudiese [*anybody who came there*].

[274] *7583:* capit<ul>o xxxiii q<ue> torna a contar delos fechos q<ue> acaesçieron en espan<n>a.

[275] *7583:* alanos. For the correction according to the *Versión primitiva* of the *Estoria de España*, cf. Bautista, *La materia de Francia*, 195.

fermoso, sobrino de Ysca, fijo de Yzid, dos años. Mas luego que lo sopo don Dian, vn moro poderoso que moraua en España en la partida de contra Çaragoça,[276] consejo a los moros que se alçasen contra aquel Vlit, e metio tan grand escandalo en la tierra por esta razon que mayor non podrie. Vlit, luego que lo sopo, enbio por rey de España vn omne que auie nombre Abucatar[277] que mantouiese la tierra en paz e en justiçia e cogiese las rentas e los tributos del reyno. Pero que mando que en el reyno de Almeria que el otorgara a su primo el Rey Fines, que non ouiese que ver ninguna cosa. Abucatar, luego que llego a España, assosego toda la tierra e el mal e el escandalo que era leuantado entre la gente, e mantouo bien toda la tierra, mas non reyno synon poco. E enbio como en razon de hueste a tierra de Africa todos los soberuios e los malfechores que fallo en España, mas los alaraues que morauan en España echaron del regno a poco tienpo a este Abucatar por consejo e ayuda de Zimael,[278] que era ese tienpo el mas poderoso que entre ellos auie. E fue desta guisa, vn dia que auien de aver batalla los vnos con los otros, puso Zimael en vn logar su çelada, e luego que començaron a lidiar fizo Zimael semejança que fuye, e Abucatar, yendo en pos el, firio en los de la çelada, e los que con el andauan eran conjurados con Zimael non lo sabiendo el. E quando lo vieron en la priesa desanpararonlo, e el non se les pudo defender, e ouoselos de vençer de guisa que lo vençieron e lo prisieron e lo mataron luego. E alçaron por su rey a Caben, vn moro que diera grandes ayudas a Zimael contra Abucatar, mas non reyno otrosi synon poco tienpo. Depues que Caben ouo el regno, escomenço muchas batallas, mas pero nunca vençio ninguna nin lleuo prez nin onrra de ninguna dellas. Mas sienpre fue mal andante el e todos los suyos. Al cabo, auiendo vn dia su batalla muy grand con los cristianos, matronle ay a el e a los que con el eran.[279]

Del xv° año e del xvi° del reynado del Rey don Alfonso el catolico non fallamos ninguna cosa que de contar sea que a la estoria pertenezca, sinon tanto que en el xv° murio Vlit el myramomelin e alçaron los alaraues por rey a su hermano Ybracum,[280] mas no reyno synon poco, ca mataron vno de los mas altos e mas poderosos moros que auie entre los alaraues. Con el grant pesar que ende ouo,

---

[276] It was due to the negotiating skills of the walí ibn Dinar [MS. *don Dian*] that a large army was formed to oppose the existing regime in Damascus and Spain. O'Callaghan has noted that "the governors of advanced posts such as Zaragoza, Barcelona, and Gerona, always tended to maintain a highly independent attitude toward the government at Córdoba" (*A History*, 101).

[277] Abu-l-Jattar Husam ibn Dhirar al-Kalbi (r. 743–745), emir of Córdoba.

[278] Al-Sumayl (Samayl) ibn Hatim, who always opposed the Kalbite tribe of Abu-l-Jattar.

[279] The manuscript is unique in referring to Tuwaba as "Caben", which causes some confusion. The *Versión primitiva* of the *Estoria de España* calls him "Toban". Cf. Bautista, *La materia de Francia*, 195.

[280] Ibrahim ibn al-Walid, caliph of Damascus, who reigned only in 744.

entro a el en el palaçio donde seye, e fallol[281] syn conpaña de omnes solo—synon vnos pocos—e matol e reyno en su logar seys años. E por esta razon se leuanto grand contienda e grand bando entre vnos e otros, que les duro bien çinco años. E de aquella partida que entra contra Moroan[282] avie y un alaraue, omne de grand guisa a que dizien Azalo[283] que mantenie esta guerra con Moroan.[284] Ese año murio otrosy el Papa Zacarias e fue puesto en su logar Esteuan el segundo,[285] e fueron con el ochenta apostoligos. Otrosi ese año enbio el miramomelin por rey de España a vno que auie nombre Toaba,[286] que era omne muy fidalgo e grand guerrero, e enbiaualo a sobre sabidas contra el Rey Fines, que le dixeran que era el Rey Fines mucho sabio e muy entendido. E el sopiera como Moroan[287] matara a su primo Ybracum e se auie apoderado en la partida de Guadalquiuir e era señor della. De guisa que quando Toaba paso a España non oso venir por los puertos de Algezira nin de Tarifa, mas paso a España por los puertos de Alicante. Mas con todo eso non le duro el señorio nin la vida mas de vn año. En el xvi° año[288] depues que Toaba fue muerto enbiaron los omnes poderosos de los alaraues por rey de (fol. 31) España a vno que auie nombre Yuçaf Alchari,[289] e reyno veynte e seys años, mas non ouo señorio en la partida de Guadalquiuir. E esto fue quando

---

[281] *7583:* fallo.

[282] *7583:* moraon. Marwan II ibn Muhammad (r. 744–750), caliph of Damascus. Also known as "al Himar" (the donkey) for being strong and stubborn. He opposed the nomination of Ibrahim, who never became king. Marwan, on his part, becomes the last caliph of the Umayyad dynasty when he is defeated by the Abbasids in the battle of the Greater Zab (750). Not satisfied with obtaining the throne from Marwan, the Abbasids exterminate all the remaining Umayyads. Only 'Abd al-Rahman I (r. 756–788) escapes miraculously, seeking refuge in Spain and proclaiming in Córdoba an emirate independent from Damascus.

[283] Abu-l-Abbas al-Saffah (r. 749–754), who will become the first Abbasid caliph after Marwan's defeat. The nickname of "al-Saffah" means "the shedder of blood," clearly due to the extermination of the Umayyads. It should also be noted that the Abbasids, who receive the name for descending from the Prophet Muhammad's uncle, Abbas, move the capital of the empire from Damascus to Baghdad in 762, where they will rule for the next five centuries.

[284] *7583:* moraon. This previous sentence is incomplete in the manuscript. The words "avie y un alaraue" have been taken from the *Versión primitiva* of the *Estoria de España* (Bautista, *La materia de Francia*, 196).

[285] It is strange that the manuscript mentions Stephen II (r. 752), who died three days after being proclaimed pope. It is very likely that the compiler is jointly referring to Stephen III (r. 752–757), since his name does not appear between the papacies of Stephen II and that of Paul I, the next pope mentioned in the manuscript .

[286] Tuwaba ibn Salama al-Yudami (r. 745–746), emir of Córdoba.

[287] *7583:* moraon.

[288] *7583:* años.

[289] Yusuf ibn 'Abd al-Rahman al-Fihri (r. 747–756), emir of Córdoba. The compiler's assertion that this king rules more than twenty-six years is obviously wrong.

andaua el año de los alaraues en 128 años, dos años andados[290] del reynado de Moroan.

XVIII. De los moros de España[291]

Andados diez e siete años del reynado del Rey don Alfonso el catholico, que fue en la era de 788, leuantaronse muchos moros por tierra de España contra Yuçaf, su rey, porque les semejo viejo e cansado e omne de muchos dias, e non le temiendo nin dando nada por el alborosçose muy mal toda la tierra e metieron en ella grant bolliçio e mataron muchos de los que eran en el señorio. Estonçe Yuçaf fizo escreuir en el libro pleito de la renta e de los pechos de la tierra por consejo de los omnes del pueblo, que las rentas que eran menoscabadas por la muerte de los cristianos que mataran aquellos que se alçaran, que las cunpliesen asy como yazien escriptas de primero. E comoquier que este Yuçaf fue malo en muchas cosas mantouo bien su regno, e vedo los males e las fuerças que se y fazien. Del xviii° año del reynado del Rey don Alfonso el catholico non fallamos ninguna cosa que de contar sea que a la estoria pertenezca, sinon tanto que fabla de Flores e de Blancaflor.

XIX. De Flores e Blancaflor[292]

Cuenta la estoria que estando el Ynfante Flores en la prision del rey de Babilonia segunt que la estoria lo ha contado, que llego el tienpo en que el rey solie fazer sus cortes e casar, e llegaron y todos los altos omnes de tierra de Egipto por mandado del galifa a fazer aquella honrra al rey de Babilonia, cuyos vasallos eran, asi como le auien acostunbrado de luengo tienpo. E vinieron y Tençer, almiral de tierra de Exçeria,[293] que es tierra de los negros, e Gradifer,[294] almiral de Nubia,

---

[290] *7583:* 128 años del reynado de Moroan. The words "dos años andados" have been taken from the *Versión primitiva* of the *Estoria de España.* Cf. Bautista, *La materia de Francia,* 196.

[291] *7583:* capit<ul>o xxxiiij q<ue> fabla delos moros de espan<n>a.

[292] *7583:* capit<ul>o xxxv q<ue> fabla de flores & blanca flor.

[293] The MS refers to the land of admiral Tençer as Exçeria, and a couple of pages later as Enopia. Both names seem to stand for Ethiopia. For the use of Esperia [MS. *Exçeria*] to designate a land in Africa—instead of Spain (Hesperia)—see Alfonso X's *General estoria*: "et Iuda fue morar en fondon de Affrica, et aquella tierra a nombre Esperia, commo la postremera tierra de Espanna dela estrella a que dizen Espero, que nasce et paresce sobrel termino de amas estas tierras": Alfonso X, *General estoria I* (Madison & New York: Hispanic Seminary of Medieval Studies, 1999).

[294] The names of the admiral—Gradifer—and of Flores's companion—Gandifer—are so similar that even the compiler has mixed them once in the form "Grandifer"

e Alfanges,²⁹⁵ almiral de Oliferna, e otros muchos honrrados e altos omnes que eran vasallos deste rey de Babilonia. E "almirales" quiere tanto dezir como dizen en este nuestro tienpo por los arrahezes, que son adelantados de las çibdades mayores. E quando fueron todos ayuntados ante el rey en vn palaçio muy grand e muy bueno que era en el su alcaçar, el rey començo su razon e dixo asi:

—Vos todos venistes aqui por me onrrar e por me fazer alegria asi como lo soliemos vsar. E quamaño solie ser el plazer que yo auia quando aqui veniedes las otras vezes, tamaño es el pesar que yo agora he de la desonrra que reçebi, e muestrovoslo por que sodes todos mis vasallos, e que vos deuedes sentir mucho de la mi desonrra. E quierovoslo contar comoquier que todos los mas de vos sabedes lo mas dello. Mas porque ay algunos que non saben ninguna cosa quierovoslo dezir asy: 'Acaeçio que vino a mi vn infante que dizen Flores, fijo del Rey Fines de Almeria la de España, diziendome que auia muy grand sabor de me seruir. E en el comienço siruiendo mucho, e yo non reguardandome del de ninguna cosa, e por que tenia que me caye bien de fazer algo a todo omne de grand logar que a mi viniese, toue por bien que visquiese comigo en la mi tierra, e dauale todo quanto auie menester a el e a su conpaña, e fiaua del, e biuiendo comigo a la mi merçed fallelo en la mi torre con vna mi donzella que dizen Blancaflor, que oue conprada por muy grand auer porque era muy fermosa, e con esta donzella cuydaua yo casar a estas cortes que sodes aqui allegados e auia parado en mi voluntad que nunca con otra casasse en todos mis dias nin la partiese de mi. E bien se que de derecho merezca muerte, mas porque el es omne de grand logar e los omnes non ouiesen de que trauar porque yo mandaua matar tal omne sin justiçia manifiesta, toue por bien de los tener presos fasta que fuesedes llegados e los judgasedes por corte. E agora ruegovos a todos que me consejedes como los judge con derecho, e que tome vengança deste ynfante que tamaña desonrra me fizo, e otrosy de la desonrra de la donzella a quien yo querria fazer señora de toda mi tierra e me desdeño por el.'

E desque el rey esto ouo dicho respondieron todos los de la corte a vna boz e dixeron que fiziera trayçion, e que non fiziera desonrra al rey tan solamente, mas (fol. 32) a ellos todos. E que bien sabien ellos que ninguna vengança non podrien

---

(fol. 36ʳᵃ).

²⁹⁵ The name of the admiral, as has been pointed out in the Introduction, parallels the Spanish word for an Arab sword, "alfanje." Gaydon (see below) could very well get his name from the "Gaya sçiencia," and the names of the heroes themselves are symbolical in nature. We could argue, then, that *Flores y Blancaflor* is an excellent example of the medieval motto *nomina sunt consequentia rerum* (names correspond to things). This motto, inherited from Justinian's *Institutiones* (2.7.3), can be seen in Dante's *Vita nuova*, and it represented one of the extremes in the linguistic discussions of the Middle Ages. Whereas the nominalists maintained that *res sunt consequentia nominum* (things correspond to names), the "realists," whom the compiler of the *Chronicle* seems to follow, argued in favor of the opposite.

aver dellos por ninguna muerte que les diesen, e que le pidien merçed que los mandase matar, diziendo los vnos que los enforcasen e los otros que los arrastrasen, e los otros que los quemasen. E cada vno dellos asacaua muertes las mas crueles que podien ser, e dizien que gelas diesen, e a todo esto estaua y Gaydon, su maestro del ynfante, e Gandifer, su ayo. E quando vieron que todos se acordauan de matarlos fueron mucho espantados e ouieron muy grand miedo que se conplirie. E leuantose Gandifer e finco los ynojos ante el rey de Babilonia, e pidiole por merçed que le oyese. Otrosi pidio por merçed a los otros almirales que estauan y que gelo rogasen, mas el rey estaua tan sañudo e tan follon que dixo que lo non faria, mas que antes los matarie luego e tomarie dellos muy grand vengança, e que non touiesen ellos ojo por su señor que estorçerie la[296] vida—ca ya aquello non podrie ser—mas que pensasen en sus faziendas dellos mismos, que si el sopiese que ellos fueran en el consejo que los mandarie matar e penar cruelmente. E mientra el rey esto dizie el Almiral Tençer non sabie ninguna cosa del pleito del ynfante; como moraua lenxos en tierra de Enopia[297] non sabie todo lo que el pasara con el galifa nin el seruiçio que el Ynfante Flores fiziera al rey. E por esto pregunto a vn omne bueno que era de y de la villa que quien era aquel cauallero que pidie por merçed al rey que lo oyese, e el omne bueno le dixo que era su ayo del Ynfante Flores, aquel que el rey mandaua matar, e el otro que estaua cabo del que era su maestro, e dixole sus nombres. E contole como llegara ally aquel ynfante, e que traye grand conpaña e muy bien castigada, e el que era tan bueno e tan apuesto a marauilla, e de como auie seruido al rey. Tençer,[298] quando lo oyo, ouo piadat del ynfante e dixo al Almiral Alfanges:

—¡Ay, Alfanges![299] ¡Que pagado so de quanto oy dezir deste ynfante que es judgado para matar![300] Bien vos digo que me semeja que erramos todos muy mal en ser en acuerdo desta justiçia.

---

[296] *7583:* a.
[297] Before, the MS has referred to Tençer's land as Esperia [MS. *Exçeria*], indicating that it is the land where blacks come from [MS. *que es tierra de los negros*]. Both names seem to make reference to Ethiopia. Although the name *Enopia* is most often used to refer to an island in Athens ruled by king Eaco in Antiquity, Spanish historiography seems to differ. The compiler refers again to a territory in Africa. Cf. Pablo de Santa María's *Las siete edades del mundo*: "Y los fijos de Cam fueron quatro, el primero fue Chus de quien deçendieron los de Enopia, y Chus engendro a Nembros": Santa María, *Las siete edades* (Biblioteca Virtual Katharsis, 2008), 21. This biblical reference is important when it comes to establishing that Exçeria or Enopia is the land of black people, since medieval historians argue that they all descend from Cam; cf. Goldenberg, *The Curse of Ham* (New Jersey: Princeton University Press, 2003).
[298] *7583*: terçed.
[299] *7583*: flanxes.
[300] *judgado para matar*: condenado a muerte [*sentenced to death*].

E contole todo lo que le dixera el omne bueno de la villa. Assy que Alfanges, quando lo oyo, comoquier que lo sabie todo muy bien fue canbiado en la voluntad que tenie contra el ynfante. E dixo al rey:

—Señor, en oyr a este cauallero faredes cortesia e bienestança, ca non me semeja que puede dezir cosa por que se dexe de conplir aquello que auedes mandado. E si el e los otros vassallos del ynfante que aqui son han cuyta e pesar, non a y marauilla, ca veen a su señor en tan grand peligro que les semeja que avran a tornar sin el a su tierra, deserrados e muy mal andantes. E si vos touieredes por bien, fazedles tanta merçed que los querades oyr todo lo que quisieren dezir, e dadles a entender que fazedes justiçia con derecho.

E el rey touolo por bien, e mando a Gandifer que dixese, e Gandifer començo su razon e dixo asy:

—Señores, el Rey Fines, padre deste nuestro señor, es de tan grand linaje que en toda la tierra de los moros non ay rey que pueda dezir que es mejor que el, e de otra parte es muy buen cauallero de armas e mucho esforçado, e de muy buenas costunbres e muy granado, e nunca acaesçe omne en la su tierra a que non faga el mucha honrra e mucho plazer e non de algo de lo suyo. E esto non lo digo yo por lisonjearlo porque es mi señor, que aqui ay algunos que se acaesçieron ende que lo saben que es assy. E quando este ynfante su fijo se partio del, non le podiendo retener consigo en la su tierra consejole que por doquier que fuesse que se llegase a los reyes e a los altos señores de las tierras por do andudiese, e señaladamente que fuese al mas onrrado rey que pudiese saber. E por este consejo que le dio su padre se vino para vos, señor,[301] e biuiendo el convusco, por poco yerro que vos fizo con niñez[302] queredeslo mandar matar. E avn lo que es peor e mayor desmesura, los de vuestra corte llamanlo traydor, de lo que el es muy saluo. E yo non lo se dezir por mas apuestas palabras, mas digo aqui por corte que non es verdat. E esto fare yo conosçer a dos los mejores de la corte, saluo a los almirales. E si por mas gente quisieredes que se libre, aqui ay de las conpañas del que lidiaran diez a veynte, e çiento a dozientos, e saluaremos (fol. 33) nuestro señor de trayçion, que es bueno e leal.[303]

---

[301] Gandifer is clearly not telling the truth, for Fines never advised Flores to do this, or at least it is never mentioned in the manuscript.

[302] This is the first of many examples in the manuscript that associate love's foolishness with adolescence [MS. *niñez*].

[303] Gandifer seems to represent the "discourse of war," since he does not know how to explain himself with better words [MS. *mas apuestas palabras*] and offers to fight any knight that wants to prove him wrong. Gaydon, the master, represents the "discourse of letters." We may find here a connection between his name, Gaydon, and the fact that "la arte del trobar se llamaua antiguamente en Castilla la gaya sçiençia": E. de Villena, *Obras completas*, ed. P. M. Cátedra (Madrid: Turner, 1994), 353. Notice the elaborate speech he gives in the following paragraph. Also mind the fact that similar names are frequent in

E depues que esto ouo dicho, Gandifer, ayo del ynfante, fuese a asentar. E leuantose Gaydon e quiso dezir, mas el rey fue tan sañudo que dixo que non atenderie el a las sus razones nin lo leuarien con el por aquel logar que ellos cuydauan, mas que los mandarie luego matar. Estonçes el Almiral Alfanges dixo:

—Señor rey, non vos quexedes nin tomedes grand saña por lo que ellos vos dizen por cuyta de su señor e por el bien e la bondat que a y en el Rey Fines, su señor, asi como vos conto aquel cauallero, e que nos sabemos en verdat que es asi, non dexedes de los oyr, ca non peresçera la justiçia por y que quisieredes fazer.

E los otros almirales dixeron al rey que era bien que los oyese, e el touolo por bien. E Gaydon finco los ynojos ante el e dixo esta razon contra ellos:

—Señores almirales, e vos, todos de la corte, avedes dado juyzio contra el ynfante, nuestro señor, e mandadeslo matar razonando fieramente que es traydor, e dezides que fazedes justiçia, lo qual non es assy. Ca justiçia non es sinon aquella que se cumple con derecho. E como al ynfante non fallades vos en culpa porque deua morir, sinon porque vedes a vuestro señor que se siente del poco yerro que fizo e entendedes que ha sabor de lo matar, e por le fazer a el plazer dezides que fizo trayçion e non judgades el derecho e judgades las vuestras voluntades. Ca si el fue fallado en la torre con la donzella non fue tamaño el yerro como vos dezides, ca la donzella suya era e de su padre, e pues el sopo que la tenien en la torre que el non auie de guardar nin tenie en encomienda, ¿que tuerto fizo en punar de sobir alla e cobrarla si pudiese? Otrosi, ¿por que dezides que Flores es traydor? Non es traydor sinon faze trayçion en vna de tres maneras: o matar a su señor, o alçarse con su castillo que tenga del, o yazer con muger de su señor.[304] ¡E loado sea Dios! El infante non fizo ninguna destas cosas, ca si el rey dize que el querie casar con Blancaflor, el casamiento non era[305] avn fecho nin era avn su muger. E si se casasse con ella, mayor tuerto faria el al ynfante que non el ynfante a el, de mas que el ynfante non era su vasallo nin el su señor, synon por fazer bien visquio con el e guardole su tierra, e siruiole tan bien que sinon fuesse por el quiça serie el agora en prision del galifa, onde por auentura nunca saldrie. E todo esto ha oluidado el rey, e non le viene en mientes sinon el poco yerro que el ynfante fizo con niñez. E vos, que le devriedes consejar que non fiziesse tamaño yerro por vengar su despecho, metedesle a que le mande matar. E sodes contra el ynfante crueles, non catando razon nin mesura, e asi dexades de fazer justiçia e derecho e fazedes muy grand crueza, e Dios tomara su vengança de vos.

Dize la estoria que muy bien se razono Gaydon en la corte del rey de Babilonia, estando y quantos buenos omnes auie en Egipto. Mas el rey auie muy grand sabor de se vengar del ynfante[306] Flores e Blancaflor, e pesole mucho porque le

---

French romances. Avalle-Arce states that "Galdon is the name of a castle in the *Lancelot du Lac*" (*Amadís*, 442, n. 448).

[304] Notice Gaydon's scholastic division of the matter into three parts.
[305] *7583*: el casamiento non era era avn fecho.
[306] *7583*: ynfan.

retraye Gaydon el seruiçio que le fiziera el ynfante. E dixo a Gaydon e a Gandifer que callasen, que los non oyrie[307] mas, e mando que matassen al ynfante e a la donzella. Estonçes el Almiral Alfanges dixo:

—Señor rey, vos nos rogastes que vos consejasemos como los judgassedes con derecho, e avedes oydo a los sus vasallos e non oystes a el, e queredeslo matar non seyendo oydo, e ningund juyzio non puede ser derecho si amas las partes non son oydas. E vos podedes fazer lo que touieredes por bien, mas yo seria en acuerdo que lo mandasedes traer ante vos e oyesedes al ynfante. E despues, que mandassedes a todos los de vuestra corte que vos consejasen como judgasedes derecho, e que les roguedes que el consejo que vos dieren que lo non fagan por lisonja nin por plazenteria ninguna, que bien vos digo, señor, que si este ynfante muere sin derecho que lo errades muy mal, e que sera grand verguença a vos e a nos.

E en todo el Almiral (fol. 34) Gradifer estaua consejando al rey que los mandase matar, e que non le troxesen otra pleytesia, e que non lo dexase de fazer por lo que dixese el Almiral Alfanges, sinon que podria venir el pleito a logar que non se vengaria. E el rey estaua en dubda si farie el consejo de Alfanges o el[308] de Gradifer, e dixo al Almiral Tençer que de qual acuerdo era. E Tençer le dixo:

—Señor, si fazedes lo que Gradifer vos conseja puedevos avenir, que si fallaredes que le matastes syn derecho, que vos arrepentiriedes e non lo querriedes aver fecho e non lo podriedes depues emendar. Pero que seria yo en consejo que ante que mueran que lo apuredes por derecho. E avn si despues los quisieredes matar podedeslo fazer, e seredes çierto que los matades con derecho e non a vuestra voluntad.

E el rey touolo por bien esto que el Almiral Tençer le consejaua e mando que los troxesen ante el, mas porque al dia era muy tarde finco el pleyto para otro dia.

XX. La estoria de Flores e Blancaflor, como los traxo el alguazil a la corte por mandado del rey[309]

Avn va la estoria siguiendo el fecho de Flores e Blancaflor e dize assi, que quando fue otro dia, el rey de Babilonia mando a su alguazil que traxese delante de la corte a Flores e a Blancaflor. E en leuandolos para la corte dixo el ynfante a Blancaflor:

—¡Ay, hermana! ¡Somos de mala ventura, que avemos passado tan grand trabajo e fuemos tan alongados vno de otro que cuydamos que jamas nunca nos veriemos! ¡E agora, quando me quiso Dios fazer merçed e vos falle, somos allegados a la muerte e non me semeja que podemos estorçer della! E bien vos digo en

---

[307] *7583*: oyre.
[308] *7583:* de alfanges o el el de gradifer.
[309] *7583:* capit<ul>o xxxvi q<ue> va contando la estoria de flores & blanca flor como los traxo el alguazil ala corte por mandado del rey.

verdat que me siento mas de vos que non de mi, ca vos non avedes en ello ninguna culpa nin errastes al rey en ninguna cosa, antes lo seruistes bien e lealmente, fasta que yo vine aqui e yo entre en la torre como ladron, non lo sabiendo vos. E quanto yerro e quanta culpa vos apone el rey porque vos manda matar, yo lo fiz, e a mi deuie mandar matar por ello, e non tan solamente meresçia yo vna muerte, mas si pudiese ser meresçia dos muertes, vna por vos e otra por mi, mas pues ya que asi es, el anillo que vos di guardalde vos muy bien, ca en el ha tan grand virtud que todo omne o muger que lo trae, dal salud e gozo, e non morra otra muerte sinon natural. E guardarvos ha a vos que non murades desonrrada muerte. E comoquier que gozo non avredes por la mi muerte, guardarvos ha Dios, e el,[310] que non morredes por que lo non meresçedes.

Estonçes dixo Blancaflor:

—¡Por Dios, señor! ¡Vos ruego que me lo non digades, que mayor culpa he yo que non vos, ca synon fuesse por mi non avriedes vos por que sallir de vuestra tierra e venir a la torre! Ca yo fui[311] vuestra ocasion por que vos vedes agora en este peligro, e yo he la culpa e meresco la muerte. E por esto ruegouos que tomedes el anillo e lo tengades por que podades escapar, e que non lazredes[312] vos por mi e que me fagades este amor[313] por que yo non vea vuestra muerte.

Mas Flores dixo que non auie cosa en el mundo por que lo tomase, e que ante se pagaua e le era bien de morir e que guaresçiese ella, e quando ella non pudiese estorçer de la muerte, que el querie primero morir ante que a ella viese morir, e asi estudieron porfiando el vno con el otro. E quando vio Blancaflor que non podie con Flores que lo tomase, sacolo del dedo e echolo en tierra, e dixo que pues el morir querie, que non podie ser que ella estorçiese por que la el rey tomase despues por muger, antes punarie quanto pudiese antes que a el.[314] Estonçes el Almiral Tençer, quando los vio entrar por el palaçio, metio mientes en aquello que se vinien diziendo Flores e Blancaflor, e tomo el anillo por guardarlo, que si por aventura estorçiesen de la muerte que lo cobrasen, e pagosse mucho de aquello que vinien diziendo e ouo piadat dellos e muy (fol. 35) grand pesar, por que los[315] veye en tan grand peligro. E desque fueron ante el rey asentaronse, e estauan tan asosegados e tan fermosos como si ellos fuesen seguros de non morir. Assi que to-

---

[310] *e el*: e el anillo.
[311] *7583*: fue.
[312] *non lazredes*: no sufráis miserias [*do not suffer misseries*].
[313] *amor*: favor, bondad [*favor*].
[314] *7583:* pudiesen. This previous sentence seems to be incomplete. There might be a mistake by homeoteleuton due to the repetition of the word *antes*. Bautista (*La materia de Francia*, 205) gives "antes punarié quanto pudiese por que la matase antes que a él", but these words are not in the manuscript. However, this reading makes perfect sense. Correa (*Flores y Blancaflor: Una novela del siglo XIII*, 166) does not correct, rendering an incomprehensible sentence: "antes punarie quanto pudiesen antes que a el".
[315] *7583:* lo.

dos los de la corte que los veyen auien muy grand duelo dellos, e eran muy repesos porque se acordaron todos a matarlos, e de grado tornaran el juyzio e fueran en acuerdo de los estorçer, sinon porque veyen al rey mucho ayrado e que les semejaua que non veya ya el ora que los matasen. Otrosi el Almiral Gradifer, que auia seydo ya contra ellos, era ya canbiado e quisieralos ayudar sy pudiesse. Entonçe dixo el Ynfante Flores al rey que le pidie por merçed que lo oyese, e el rey non lo quiso fazer, e dixo que perdie el en alongar su pleito por que se nunca judgasse. E mando al Almiral Gradifer que diesse el juyzio que auien acordado todos los de la corte, e que non atendiese mas razon. E al Almiral Gradifer pesaule mucho dellos, e señaladamente porque por el su juyzio auien a morir. E dixo:

—Por corte, señor rey, nos fallamos por derecho que estos donzeles que tenedes vos aqui delante vos, que vos fizieron muy grand tuerto, e que meresçen morir por ello. E todos los de vuestra corte damos por juyzio que les den tal muerte qual vos touieredes por bien, por que sea escarmiento a todos e que nunca otro ninguno se atreua a vos fazer tal desonrra, pero que ponemos en saluo, sy vos quisieredes fazer mesura[316] contra ellos, que lo podades fazer, e que non pierdan ellos la vuestra merçed por el juyzio que es dado por toda la vuestra corte. E agora sea la vuestra merçed de fazer dellos lo que vos quisieredes, de matarlos o de perdonarlos, que de lo que vos fizieredes seremos pagados.

E depues que el Almiral Gradifer ouo todo esto dicho, el rey confirmo el juyzio e mando que los descabeçasen. E en este logar dize la estoria que quando el Almiral Tençer vio que mandaua el rey descabeçar a Flores e a Blancaflor, ouo ende grant pesar que fue marauilla, e pensso en su coraçon que sy el dixesse alguna cosa contra aquello que avie judgado que pesarie al rey: lo vno por que auie sabor de se vengar dellos, e lo al porque non querie que le desfiziessen lo que el auie mandado, e en esto estudo cuydando muy grand piesça. E quando vio que los querien leuar a matar, a tan grant piadat ouo dellos que lo non pudo sofrir. E dixo al rey:

—Señor, vos sabedes que los mandastes traer ante vos e que los oyriedes todo lo que quisiesen dezir, e despues que fuesen oydos que ouiesedes acuerdo con todos los de vuestra corte, de guisa que apartadamente vos consejasedes sy deuien morir con derecho e con justiçia. E agora, comoquier que los tengades delante, non los quisiestes oyr, e los de vuestra corte han dado juyzio contra ellos non con derecho, mas segunt entendieron que era vuestra voluntad. E vos confirmastes el juyzio mas con yra que non por conplir la justiçia. E algunos de nos bien consentiriemos que se cunpliese, pues vos ende tomades plazer, mas puede ser que despues de muertos que cuydariemos en ellos, e fallariemos que por derecho non deuien morir, o por aventura vos lo dirien algunos sabidores de derecho, e tenernos yan[317] a nos por menguados, porque non vos desengañamos. E señor, de my vos digo que non daria auantaja a ninguno que fuesse mas, en toda cosa

---

[316] *fazer mesura*: tener piedad, perdonarlos [*to be merciful, to forgive*].

[317] *tenernos yan:* nos tendrían [*they would take us for*].

que vos pluguiese, que yo, mas porque me semeja que esta justiçia non se faze con derecho muestrovoslo por corte que querades fazer que yo sea dende saluo si vos arrepintieredes desto. E pidovos por merçed que non me tengades a mal porque non so en esta justiçia.

E el rey ouo a tan grand saña por esto que le dixo el Almiral Tençer que estudo una pieça que non fablo, asi que si fuera otro omne fallarase mal de quanto auia dicho. E tornose contra los otros almirales Gradifer e Alfanges e dixo:

—¿Que vos semeja del Almiral Tençer, que el solo nos quiere desfazer aquello que nos auemos judgado con acuerdo e consejo de todos los de la corte, e quiere- (fol. 36) senos mostrar por mayor sabidor que todos los otros? ¿Pero a que avandaria? E mostro su voluntad de como ha poco talante de me seruir, valerle ha muy poco lo que dixo. E si el non fuere en nuestro acuerdo, non dexaremos por eso de conplir lo que auemos judgado.

Asi que Tençer era ya repiso[318] de quanto auie dicho. Entonçe se leuanto el Almiral Gradifer e dixo al rey:

—Señor, costunbre es de todos los grandes señores e de los reyes que quando algund grant fecho quieren fazer, de enbiar por todos los del su señorio e de fazer con ellos sus cortes, e de gelo mostrar, e aquello que ouiere de fazer que sea con su consejo, porque el consejo de muchos es mas e mejor que de vno solo. E quando todos son de vn acuerdo es el rey seguro que faze lo mejor. E sy vos tan grand sabor auiedes de matar aquestos que aqui tenedes presos non auiedes porque nos llamar a vuestra corte, e judgassedeslos vos como por bien touiessedes, quier fuese derecho quier non. Otrosi, desque nos venimos a vuestra corte e a vuestra merçed e vos dezimos aquello que entendemos que es derecho, tenemos que nos lo deuiedes gradesçer. E sy agrauiamiento tomades ende, mas valdrie que non enbiasedes por nos, sinon si nos ouiesedes menester, e que vos siruiesemos en al.

E desque esto ouo dicho el Almiral Gradifer,[319] el rey amansso yaquanto, e dixo al Almiral Alfanges:

—¿E vos, Alfanges, que dezides?

E el Almiral Alfanges le dixo:

—Señor, digo yo que el Almiral Gradifer vos dize verdat, e si auedes a fazer por nos, yo seria en acuerdo que fiziessedes aquello que Tençer dize, e que le gradescades mucho quand bien e quand verdaderamente vos conseja.

E el dixo que lo tenia por bien, e que queria oyr a Flores asi como ellos le consejauan. E rogoles mucho que por quanto alli auia passado que le non dexasen de consejar, por que los pudiesse judgar derechamente e con justiçia. E pregunto al ynfante, e dixo:

—Dime, Flores, ¿como te atreuiste a entrar en la mi torre a fazerme tamaña desonrra en la cosa que amaua mucho, e non te faziendo yo ningunt pesar, e

---

[318] *repiso*: arrepentido [*sorry*].
[319] *7583:* grandifer.

dandote yo de lo mio, e faziendote honrra e plazer, e fiando de ty asi como de omne de tal logar?

Respondio el ynfante e dixo asi:

—Señor, esta Blancaflor es fija de vna sierua de mi padre, e en vn dia nasçimos, e diomela mi padre que fuesse mia, e criemosnos en vno de pequeños e ouimos muy grand amor, asi que se temieron mi padre e mi madre que perderia casamiento por ella e enbiaronme a otra tierra a leyer[320] por que la oluidasse, e vendieronla ellos a mercadores por que quando yo viniesse que la non fallasse. E yo non asosegue mucho en aquellas escuelas e torneme luego, e demande por ella fasta que sope como la avien vendido, e moui luego de mi tierra con esta conpaña que aqui traxe, e andude demandando por ella por las tierras e por los otros logares fasta que sope que era aqui e que la teniades vos, e biuiendo aqui en la vuestra merçed ayudome Dios e guise como subi a ella, alli do me vos fallastes, teniendo que non erraua en punar de cobrar lo que auia perdido. E esta es la razon por que yo sobi a la vuestra torre. E señor, pues que ya vos viene emiente del bien e de la merçed que me fezistes vos, e es asi verdat que era yo tenudo de vos lo loar, si Dios quisiese que yo a la mi tierra tornasse, sea la vuestra merçed e la vuestra mesura que sy algunt poco de seruiçio vos yo fiz, que non se vos escaezca.[321] E por amor de aquel seruiçio vos pido por merçed que perdonedes a Blancaflor, que non ha culpa ninguna, e que matedes a mi.

Respondio luego Blancaflor e dixo assi:

—Mas, señor, sea la vuestra merçed que perdonedes a don Flores e que me matedes a mi, ca sy el non sopiera que en la torre estaua, non entrara el alla, e por mi reçebistes vos el pesar e de mi es guisado que vos venguedes,[322] e yo soy catiua asi como lo el ha contado, e muy mayor derecho es que muera yo por el que non el por mi.

E asi estudieron porfiando amos ydos, e rogando cada vno dellos al rey que matasen a el e que perdonasen al otro. E el rey les dixo que se non quexasen de aquello, que pues amos lo conosçien que auien culpa, que amos ydos mandarie matar. Entonçe el rey tornose[323] contra los almirales e contra los otros de la corte e dixoles:

—Pues (fol. 37) que agora los auedes oydo e sabedes el atreuimiento e la grand desonrra que me fizieron, asi como lo ellos conosçen, podredes yr mas çiertos al juyzio, e ruegovos que me consejedes como los judgue con derecho e con justiçia.

Leuantose entonçe el Almiral Alfanges e dixo asy:

—Señor, aquello que Flores dize que vos fizo seruiçio e vos pide por gualardon dello que perdonedes a Blancaflor, ¿terniedes por bien que lo sopiesemos nos

---

[320] *7583:* leuer.
[321] *escaezca*: olvide. Lat. *excadescere*: caer afuera [*to forget*].
[322] *7583:* vengedes.
[323] *7583:* tornase.

que fue?, comoquier que todos los mas lo sabemos, pero quiça aqui ay algunos que lo non saben. E por aventura puede ser tal el seruiçio que vos fizo que estarie bien que le ayades merçed, e los que lo non saben serien mas çiertos en aquello que ouieren a dezir.

El rey, que yaquanto era amanssado de la saña que auie contra ellos, dixo que gelo querie dezir por que lo sopiesen los que lo non sabien. Estonçes contoles como pusiera el ynfante en aquel castillo por frontero contra sus enemigos e como guardo muy bien su tierra, de guisa que le non podien fazer daño ninguno. E como aquellos sus enemigos falsaran el nombre del galifa por que el fuera preso. E como en leuandolo, que recudiera el ynfante con su conpaña e lo librara dellos, e por esta razon que le perdonara el galifa su señor, e contogelo todo asi como lo ha contado la estoria ante desto. Todos quantos estauan en la corte que lo non sabien, quando esto oyeron dezir al rey, ouieron piadat del ynfante e de Blancaflor, e rogauan a Dios en sus oraçiones que mostrase y alguna carrera por que estorçiesen de muerte, e asi estudieron callando vna grand pieça. Mas dize la estoria que el Almiral Tençer, que entendie bien sus voluntades e touo mientes en lo que el rey auie dicho, leuantosse e dixo al rey:

—Señor, bien vos digo en verdat que si yo sopiera que el ynfante tan grand seruiçio vos auie fecho, pieça ha que vos ouiera desengañado, ca segunt mi entendimiento mayor es el seruiçio que vos ha fecho que non el yerro en que vos yaze, e atreuiendome a la vuestra merçed vos digo que todos erramos muy mal en mandar matar al ynfante e a la donzella, e vos fizo Dios mucho bien e mucha merçed en vos guardar de tamaño yerro. Ca quando el ynfante non vos ouiesse fecho ningunt seruiçio, porque es fijo de tan noble rey deuedesle perdonar muy mayor culpa que non es esta en que vos yaze, e servos ye muy loado en el reyno de su padre e en los otros reynos por do lo sopiesen, demas auiendovos el seruido como vos lo auedes contado, que por pesar que vos fiziesse, saluo sy se vos quisiesse alçar con tierra, nunca le devriedes ser sañudo. E a esto vos do tres razones:[324] la primera, porque es moço e de tierra estraña; la otra, porque vos fizo muy noble seruiçio de librar vuestro cuerpo de mano de vuestros enemigos e fazer como vos perdonasse vuestro señor el galifa; la terçera, que bien vos digo, señor, que metio su cuerpo a muy grand peligro por cobrar vna catiua, pero quando bien metieredes mientes en quan bien lo sopo guisar en la cobrar, fallaredes que vos non yaze en tan grand culpa como vos cuydades. ¿E faziendovos el tan grand bien, teniedes por estraña cosa de perdonar tan pequeña culpa? E mucho vos estarie bien que por vna catiua que avedes conprado por auer non fiziesedes cosa que retraxesen de vos por los reynos estraños, e sy lo auedes por la donzella, ¿cuydades que non fallaredes otra tan fermosa? Yo vos digo que sy. E sy lo auedes por el auer que distes por ella, ¿tenedes que lo auedes perdido? Antes vos lo pecharemos todos, por guardar que tan mal estança[325] non se faga en vuestra tierra.

---

[324] Notice again the tripartite division—"three reasons."
[325] *estança*: hecho [*deed*].

Desi leuantose el Almiral Gradifer e dixo:

—Señor, mucho deuedes gradesçer al Almiral Tençer quand bien e quand verdaderamente vos consejo, e si por nos auedes a fazer toda la saña e la yra que auedes contra ellos, toda la perdonad, e quanto mal les cuydauades fazer todo gelo tornad en bien, e fazedles mucho de algo e mucha de onrra. E si el auer que distes por la donzella queredes, lo vos yo dare.

E desi leuantose el Almiral Alfanges e dixo contra los de la corte:

—Amigos, mucho deuedes gradesçer a Dios que guardo al rey, nuestro señor, e a nos de tan grand yerro en que faziemos en que matauamos (fol. 38) tales donzeles como estos por muy poca culpa. E por ende roguemos al rey por ellos por que los perdone, e que de al ynfante la donzella por que non pueda dezir que por buen seruiçio que fizo al rey que non gelo gualardono.

E desque el Almiral Alfanges ouo dicho su razon, todos los de la corte dizien que dizie derecho, e fincaron los ynojos ante el rey e rogaronle por el Ynfante Flores e por Blancaflor. Entonçes les dixo el rey:

—Agora vos quiero descobrir mi voluntad, que sabed que con amor que auia desta donzella sentime mucho del atreuimiento que me fizieron, e de grado me quisiera vengar dellos, mas agora entiendo que era muy mal fecho en matar tal omne. E quierovoslo dezir por que avn agora les mandaria matar e non lo dexaria por su padre nin por otra presona[326] ninguna, nin cataria que me estudiesse bien nin mal. Mas quando pense en como me siruio e me libro de mis enemigos, que me tenien en su poder, e otrosi en como me gano la gracia del mi señor el galifa, entendi bien que si yo quisiese[327] vengar mi despecho que me estaria muy mal, e serme ya retraydo. Ca la cosa del mundo que mas deuen guardar los reyes es conosçer el seruicio que les fazen, mas a los estraños que a los suyos, por que me tengo de vos por muy bien aconsejado e perdonolo. E luego do[328] al ynfante a Blancaflor que la lleue para su tierra e para do quisiere, pero a tal pleito que me diga el ynfante quales fueron aquellos que le guisaron por que le subieron a la torre.

E el ynfante dixo al rey que si los el asegurasse que non reçibiesen por esso ningund daño e los perdonasse, que gelo dirie. Estonçes todos los de la corte rogaron al rey, que pues ya su merçed era que perdonaua a ellos, que perdonasse a sus consejadores, e a tanto le rogaron que lo ouo de fazer, e perdonolos a todos. E los almirales e todos los altos omnes de la corte besaron las manos al rey e gradesçierongelo mucho, e Flores fizo eso mesmo. E el rey dixo al ynfante que se fuesse para su posada a folgar e que leuase consigo a Blancaflor, e otro dia que viniesen a su corte, e enbiolos luego que se vistiesen bien e mando que les diesen quanto auien menester para ellos e para su conpaña. E los almirales e los otros altos omnes de la corte enbiaronles sus donas e sus presentes. Grand fue el alegria

---

[326] *presona*: persona [*person*].
[327] *7583:* si yo(s) quisiese.
[328] *7583:* E luego do(o) al ynfante.

que ouieron con el ynfante e con su conpaña e con Blancaflor, e gradesçieron a Dios quanto bien e quanta merçed les auie fecho. E el infante dioles muy bien que vistiesen a todos—a grandes e a chicos—e vinieron muchos juglares e el fizoles mucho algo. Otrosy fizo mucho bien a pobres. E los sus caualleros fazien muchas alegrias en esgremir e en justar e en otros muchos juegos, segunt la costunbre de la tierra, asi que los de la çibdat se marauillauan de quand bien e quand apuesto lo fazien.

    E el terçero dia que sopo el ynfante que se llegauan todos los de la corte en el alcaçar del rey, caualgo muy noblemente vestido e yuan con el sus caualleros todos, tan bien vestidos e tan bien encaualgados que paresçie muy bien ademas. E yuan cabo del ynfante, de la vna parte Gaydon su maestro, e de la otra parte Gandifer su ayo. E tan bien e tan honrradamente yuan, que todos los que y yuan se pagauan muy mucho dello. E dizien que muy grand avoleza[329] fuera sy el rey mandara matar tan noble omne como era aquel infante, e que le diese Dios buena ventura a quien consejara al rey que le perdonase. E desque llegaron al alcaçar entraron por el palaçio e leuantaronse a el los almirales e acogieronle muy bien, e besaronle en los ombros segunt su costumbre de los moros. E el rey asentole a par de sy entre los otros almirales. Estonçe el rey de Babilonia rogo al Ynfante Flores que contase como subiera a la torre, e que fuesse seguro que ninguno de aquellos que gelo consejaron e le ayudaron que non prenderien ningunt mal por ello. E desque el ynfante vio que lo podie dezir en saluo dixo que despues que el sopiera en como Blancaflor estaua en la torre con las otras donzellas, e en como eran mucho guardadas, que el fablara con don Daytes su huesped, e que le consejara que fablase con el portero de la (fol. 39) torre, e como le acaesçio con el fasta que le ouo a meter en su poridat, e como lo metio en el çesto, e como el mismo lo subiera a sus cuestas, e como Gloris pensaua dellos, e como estudiera con Blancaflor nueue dias a muy grand viçio fasta que los fallara el rey. Assi que todos los de la corte avien muy grand sabor de lo oyr, e marauillose el rey de como el portero sopiera ensayar en sobir al ynfante en el çesto. E quando el infante dixo en como Blancaflor dixera a las donzellas que le mordiera el auejon e lo que las donzellas le respondieran, todos los de la corte començaron a reyr mucho. E asi estudieron muy grand pieça departiendo en ello.

    Estonçe el Almiral Tençer leuantose en pie, e dixo al rey e a los otros almirales todo lo que oyera dezir a Flores e a Blancaflor el dia que echaron el anillo, e diolo al ynfante. E desi leuantose el infante e començo a contar el bien e la mesura que auie en el rey, e eso mismo en los almirales, e otrosi en todos los de la corte, e looles mucho el bien que fizieran contra el, prometiendoles que les seruirie e que sienpre serie en toda cosa que ellos mandassen. E que les rogaua a todos que le ayudasen a rogar al rey, por la su buena mesura, fiziese algo primeramente a Gloris, e a don Daytes e a su muger Licores, e al portero de la torre. Los de la

---

[329] *avoleza*: maldad [*evil deed*].

corte, que avien sabor muy grand de fazer plazer al ynfante, rogaronlo al rey muy afincadamente. E el rey les dixo que lo farie de grado. E a Gloris que la tomaria por muger e la faria señora de su tierra,[330] asi como lo cuydara fazer a Blancaflor, e que lo querie fazer ante que se partiese la corte. E mando luego guisar la donzella de paños e de los otros adobos[331] que auia menester, asy como pertenesçie a reyna de tan buen rey, e fizo con ella sus bodas, las mas ricas que nunca omne[332] vio. E jurole que en toda la su vida nunca ouiesse otra muger, e que de alli adelante se partirie de aquella costunbre que solie vsar. E el Ynfante Flores e Blancaflor fueron noblemente guisados en aquellas bodas, e ally fueron fechas muy grandes alegrias e de muchas guisas, segunt la costunbre de la tierra. E el ynfante e los sus caualleros andauan ally con los otros caualleros del rey e de los otros almirales faziendo sus alegrias, mas entre los otros todos non auie ninguno que lo tan bien fiziesse como el ynfante. E segunt dize la estoria, duraron estas bodas bien tres semanas, e cada dia eran fechas muy grandes alegrias.

E despues de las tres semanas, los almirales e los otros altos omnes que vinieran a las cortes despidieronse del rey e del Ynfante Flores, e tornaronse cada vno a su logar. E el ynfante moro con el rey de Babilonia çerca de tres meses, e mas ouiera y morado synon porque le viniera mandado que la reyna su madre era muerta. E otrosi le dixeron como eran muertos el miramomelin[333] su ahuelo e Vlit su tio, e que el señorio del inperio de Africa era en poder de omnes estraños, e el miramomelin que non era de su linaje. E otrosy le dixeron que su padre, el Rey Fines, que estaua en grandes guerras con los de la tierra, e que sy en aquella sazon se tornasse para el, que avrie el reyno de su padre mejor parado con el ayuda que el faria. Entonçe el ynfante dixo al rey de Babilonia aquel mandado que le auie llegado, e que le mandasse yr. E el rey le dixo que si queria beuir con el que le daria muy grant tierra a mandar e que partiria con el lo que ouiesse. E el ynfante gradesçiogelo mucho e dixo que si el touiesse por bien, que en su tierra auie sabor de beuir. El rey touolo por bien e otorgogelo, e mandole dar todo quanto auien menester para el camino. E el ynfante e Blancaflor espidieronse del rey e de la Reyna doña Gloris, pero ante que se partiesen de Babilonia touo el rey por bien de conplir todo lo que auie prometido al ynfante. E a don Daytes fizole adelantado mayor de todo el regno de Egipto, que lo ouiesse de ver por el, e a su muger Licores fizola mayor sobre las dueñas de su casa. E al portero de la torre fizolo su mayordomo mayor de todo el reyno. E quando esto vio el Ynfante Flores gradesçiogelo mucho al rey, e el fizoles algo de lo suyo e espidieronse dellos, e entraron en su camino por tornarse al (fol. 40) reyno de su padre. Mas agora dexa la estoria a fablar dellos e torna a contar en los otros fechos que acaesçieron en España.

---

[330] *7583*: a su (se) tierra.
[331] *adobos*: ropas, ornamentos del cuerpo [*clothes, ornaments for the body*].
[332] *7583*: nunca (v) omne.
[333] *7583*: miramolin.

XXI. La estoria de los fechos que acaesçieron en España[334]

Andados diez e nueue años del reynado del Rey don Alfonso el catholico, que fue en la era de 780, quando andaua el año de la encarnaçion del Señor en 752, e el ynperio de Costantin en 15, depues que el Rey don Alfonso ouo poblado los logares que vio que podria mantener e ouo mucho bien fecho en las iglesias de Cristo—e puestos[335] obispos do los ouo de auer, asi como deximos ante desto—trabajosse mas afincadamente de fazer seruiçio de Dios e de mantener el su reyno en paz e en justiçia. Este Rey don Alfonso ouo tres fijos en la Reyna Ormesenda, fija que fue del Rey Pelayo, e ouiera nombre el vno, don Fruela, e el otro, Aurelio, e el otro, Vimarando. Este Vimarando fue padre de don Bermudo el diacono, que fue despues rey, asi como lo contara la estoria adelante. E otrosy ouo este Rey don Alfonso vna fija a que dixeron doña Esenda, e vn fijo de ganançia que ouo nombre Mueregato,[336] que fizo en vna dueña fija dalgo despues de la muerte de la Reyna Ormesenda.

Depues, el manteniendo el reyno[337] bien en paz, finose e dio el alma a Dios. E dize la estoria que quando el fino, que oyeron bozes en el ayre que loauan a Dios, e dizien:

—¡Agora es tollido e lleuado deste mundo el justo e el bueno, e ninguno non lo vee tollido de la faz e de la fama desta vida corporal, e la su remenbrança sera en paz por sienpre!

Este Rey don Alfonso fue enterrado en Gangas,[338] en vno[339] con la reyna su muger doña Ormesenda, en la iglesia de Santa Maria.[340]

---

[334] *7583*: capit<ul>o xxxvii q<ue> cuenta la estoria delos fechos q<ue> acaesçieron en espan<n>a.

[335] *7583:* estos. For the correction according to the *Versión primitiva* of the *Estoria de España*, cf. Bautista, *La materia de Francia*, 214.

[336] Alfonso I had three children with Queen Ermesinda: Vimarano, who was never king, but who was father to king Bermudo I; Fruela I (r. 757–768); and Adosinda, who married Silo I (r. 774–783). Mauregato [MS. *Mueregato*] was an illegitimate child of Alfonso I, but he reigned from 783 to 788. Aurelio is not, as the compiler mentions, Alfonso's son, but rather his nephew.

[337] *7583:* rey.

[338] *Gangas*: Cangas de Onís.

[339] *7583:* vnon.

[340] Alfonso I was buried in the Asturian village of Cangas [MS. *Gangas*] de Onís. Regarding the miracle described in the manuscript, cf. Casariego, ed., *Crónicas*, 57: "En cuanto voló su espíritu y en el silencio de la noche serena... oyeron, de pronto, en el aire, a un coro de voces de ángeles que cantaban con salterios: 'He aquí como muere el justo y nadie lo tiene en cuenta, y cómo a los varones justos nadie los siente de corazón; el justo ha sido separado de las iniquidades y estará en paz en su sepulcro'."

XXII. Del Rey don Fruela, fijo del Rey don Alfonso[341]

Depues que el Rey don Alfonso el catholico fue muerto, alçaron las gentes por rey a su fijo don Fruela, que fue el primero rey que Fruela ouiesse nombre, e regno treze años. El primero año de su reynado fue en la era de 781, quando andaua el año de la encarnaçion del Señor en 753, e el del ynperio de Costantin en 16, e el del Papa Esteuan en 5, e el de Pepino rey de Françia en 7, e el de Moroan rey de los alaraues en 6. Este Rey don Fruela, luego en comienço de su regnado fuese para la çibdat de Ouiedo e torno y el obispado, e defendio que todo aquel clerigo que santa yglesia de Cristo quisiese seruir, que non casase nin touiese muger consigo. Ca en verdat, desde el tienpo del Rey Vitiza vsaran los clerigos a beuir de aquella guisa.[342] E porque el Rey don Fruela entendio que por tan grand suziedat e tan grand enemiga como aquella era la yra de Dios sobre la cristiandat, mando que de ally adelante todos mantouiessen castidat e que non fiziesen tal vida como fasta ally fizieran. Mas que biuiesen e siruiesen a las iglesias segunt sus ordenes, asi como lo establesçieron los santos padres antiguos, e syn otra conpañia de mugeres. E comoquier que en las otras cosas fuesse el brauo e esquiuo, por esto que el fizo contra los clerigos acreçento Dios su fazienda, ca se mostro en aquello por su amigo e diole poder e auantaja contra sus enemigos. Del primer año del reynado del Rey don Fruela non fallamos mas que dezir que a la estoria pertenesca, synon tanto que murio el Papa Esteuan e fue puesto en su logar Paulo el primero,[343] e fueron con el nouenta e vn apostoligos.[344] Mas agora dexa la estoria de fablar del Rey don Fruela por contar del fecho de Flores e Blancaflor.

---

[341] *7583*: capit<ul>o xxxviij q<ue> fabla del Rey don fruela fijo del rey do<n> alfon<so>.

[342] Vitiza's sins were, according to legend, the ultimate reason why Spain fell to the Moors, and thus it is given great importance in the chronicles of Asturias. About Vitiza, the *Crónica alfonsina* claims that "tomó muchas mujeres y concubinas, y para no tener frente a él los concilios, dispuso que obispos, presbíteros y diáconos tomaran mujeres. Esto fue causa de la pérdida de España." According to the *Crónica silense*, Vitiza "dispuso que los obispos, presbíteros, diáconos y demás ministros del altar, tomaran carnalmente esposas. Así, entregándose a festines, liviandades y orgías, fomentó la ociosidad para que se apartaran del estudio y las dedicaciones honestas en pro del reino." King Fruela "acabó con el gran pecado que Vitiza había impuesto infamemente entre los cristianos ministros del sacrosanto altar; y así dispuso que los sacerdotes de Cristo no contrajesen carnal matrimonio" (Casariego, ed., *Crónicas*, 49, 120, 127).

[343] Pope Paul I (r. 757–767).

[344] *7583:* apostoligo.

XXIII. De Flores e Blancaflor[345]

Segunt cuenta Sygiberto en su estoria que fizo de Flores e de Blancaflor, dize (fol. 41) que despues que el ynfante se partio del rey de Babilonia, yua mucho alegre por que lleuaua consigo a Blancaflor. E depues que fueron entrados por su camino, por doquier que yuan conprauan por sus dineros todo lo que auien menester. E a tres semanas de quando salleron de Babiloña llegaron al puerto do dexaran las sus naues, mas non las fallaron ay, que eran ydas a ganar algo mientra que el ynfante moraua en Babiloña. Ca segunt dize la estoria, dos años moro el ynfante con el rey de Babilonia fasta que el cobro a Blancaflor. Dos meses atendio el ynfante en el puerto de la mar las naues, e depues que fueron llegadas[346] entraron en alta mar. E asi andudieron bien çerca de nueue dias, e quando fuel dezeno dia acaesçioles[347] vna muy grand desauentura, ca se leuanto en la mar vna tan grand tormenta e ouieron tamaño peligro que cuydaron todos ser muertos. Mas dize la estoria que la naue en que yuan Flores e Blancaflor, despues que fue apartada de las otras, que ouo mayor tormenta, en guisa que en dos dias fueron tan arredrados de todas las otras naues que el maestro de la naue non podie saber en que logar estauan.[348]

E quando fue el terçero dia[349] amansso la mar e la naue aporto a vna ysla que es en el seno del mar oçeano,[350] e esta es vna de las yslas que andudo el bienauenturado señor confesor Sant Bernaldo.[351] E la ysla era muy grand, e corrie por ella vn rio que nasçie de vna sierra que auie en la ysla, e auie y vnos prados e vnos vergeles muy fermosos e muchos arboles e grant labrança para tierra de pan. E el ynfante mando al maestro de las naues que deçendiesse en aquella ysla e el touolo

---

[345] *7583*: capit<ul>o xxxix q<ue> torna a contar de flores & blanca flor.
[346] *7583:* llegados. I edit the word to make it agree with "naves."
[347] *7583*: dia (q) acaesçioles.
[348] This episode is shared only with the Spanish sixteenth-century edition (although the French popular version is lacking the final episodes). In the sixteenth-century text the heroes are also shipwrecked upon their return to Spain, although their conversion to Christianity does not take place during this episode, but much later on in the story.
[349] Notice tripartition—"third day."
[350] *mar oçeano*: Océano Atlántico [*Atlantic Ocean*].
[351] Critics have been unable to identify the island where Flores and Blancaflor were shipwrecked, provided it is not an invention of the compiler. Its description is similar to the typical *locus amoenus* so frequent in medieval literature. Equally problematic is the identification of Saint Bernard, which Baranda has noted when she claimed: "Who, of all the Saint Bernards, is this one? Saint Bernard the archbishop of Vienne? The Cistercian Bishop of Vich? The converse Moor who joined Poblet? The all-mighty founder of the Cistercian order? The bishop of Hildesheim? Or could it be a form of Saint Brendan?" ("Los problemas," 31). Considering the last of her hypotheses, medieval literature is full of examples—such as the story of Saint Brendan—of people that find an island after a heavy storm.

por bien. E depues que el ynfante e aquella conpaña que vinien con el ouieron sallido de la naue, fallaron en aquella ysla vn noble monesterio en que morauan monjes de la orden de Sant Agostin, que biuien de lazerio de sus manos por conplir la palabra del euangelio,[352] e ally siruien a Dios e fazien muy santa vida, e non eran tan pocos que non fuesen bien çient e cinquenta. E dize la estoria que en tierra de Sansueña,[353] que es çerca de aquella ysla, auie vn grand monesterio que era de aquella orden. E enbiauan cada tres años[354] los monges a aquella ysla que querien beuir vida apartada, e los que alla yuan ençimauan y sus dias[355] siruiendo a Dios. Dize la estoria que quando los monges vieron aportar las naues e sallir la gente della fueron marauillados. Ca muy grant tienpo auie que morauan en aquella ysla que nunca otra tal naue vieran aportar ally. Pero quando vieron venir la gente contra el monesterio, sallio el prior con pieça de gentes de monges a reçebirlos. Mas quando entendieron que eran moros ouieron muy grand miedo que les querian fazer algunt mal, mas el ynfante defendio a su conpaña que les non fiziesen ningunt mal. E vinien y con el ynfante pieça de omnes que sabien fablar de todos los lenguajes, e quando vieron que aquellos monges fablauan en el lenguaje de Santsoña preguntaronles que omnes eran. E ellos dixeronles que eran cristianos e omnes religiosos que biuien en aquella ysla siruiendo a Jesucristo. E quando el Ynfante Flores oyo en como eran cristianos acordosse en como oyera dezir muchas vezes a la madre de Blancaflor, e como le viera retraer muchas cosas de la ley de los cristianos. E por esto reçibio al prior de aquellos monges muy bien e fizole mucha onrra.[356] Luego que Blancaflor sopo en como aquellos buenos omnes eran cristianos, vinole emiente como le dixera su madre cuya fija era, e como vinien de cristianos. E desde estonçe tenia ella en coraçon de ser cristiana, si en logar fuesse que lo pudiese ser. E vna noche fablolo con el Ynfante Flores, su señor, diziendole que bien deuie el entender que quantos peligros passaran el e ella fasta que vinieran a aquella ysla que non fuera por al sinon porque Jesucristo querie que fuesen cristianos e que muriesen en la Su santa ley, e que le rogaua, pues que en aquel logar estauan do lo podien ser, que lo fuesen por el su amor. Quando esto oyo dezir el ynfante a Blancaflor non lo estraño mucho, ca la naturaleza de la

---

[352] Cf. Psalms 127: 2: *laborem manuum tuarum*.

[353] According to Gómez Pérez: "Only the location of Sansueña is erroneous; the reference to Sansueña is, without a doubt, an interpolation influenced by the Spanish 'cantar de Sansueña,' who assigns that region to Spain" ("Leyendas medievales," 21). However, the identification of Sansueña (originally the French Sansoigne [Sajonia]) with the Spanish city of Zaragoza was commonplace in the Middle Ages. Fray Luis de León's verses are but one example: "a los que baña el Ebro, a la vecina / Sansueña a Lusitaña: / a toda la espaciosa y triste España" (*Profecía del Tajo*).

[354] Notice tripartition—"three years."

[355] *ençimauan y sus dias:* acababan allí sus días [*they ended their days (lives) there*].

[356] *7583:* e fizole mucha. The manuscript omits the word *onrra* [*honor*].

leche de la cristiana lo mouio a ello.[357] Mas pero dixole que que le cumplie a ella que amos a doss fuesen (fol. 42) cristianos quando la otra conpaña fuesen moros. Entonçe le dixo Blancaflor:

—Señor, seamos vos e yo cristianos por que saluemos nuestras almas, ca despues fio yo por la merçed de Jesucristo, que a este logar nos troxo, que nos la conplira por que seamos bien andantes.

E quando el ynfante vio que Blancaflor asi le aseguraua que serien bien andantes otorgogelo, que por amor della—que querie ser cristiana—que el serie cristiano otrosy. E asi finco esto parado entre amos ydos fasta otro dia. E en este logar dize la estoria que aquella noche que Blancaflor fablo con Flores, el prior de aquellos monjes fizo fazer muchas proçesiones, e rogauan a Dios e a Sant Agostin que fuesse la Su merçed, e que les mostrase por que aquella naue de aquellos moros aportara en aquella ysla. E como ellos eran omnes de buena vida todos oyolos luego Dios, e aquella noche misma apareçioles Sant Agostin al prior e a otros monges e dixoles que la voluntad de Dios era que aquel señor de aquellos moros e vna muger que traye consigo, e todos los mas de la su conpaña que vinieran en aquella naue, fuesen cristianos. E que esto querie Jesucristo por amor de la madre de aquella muger, que sienpre le siruiera bien e lealmente, e que fuera catiuada en el su seruiçio. E por esto, que le querie dar en gualardon que aquella, su fija, que fuesse cristiana, e que del linaje della ouiesse en el reyno de Françia quien a El sienpre siruiesse.[358]

E depues que Sant Agostin esto ouo dicho, dixoles mas: que otro dia vernien demandar bautismo el señor de aquellos moros e aquella muger, e que ellos que pedricassen a los otros e les mostrasen la creençia de Jesucristo, ca todo serie asi como el auie dicho. E depues que Sant Agostin esto ouo dicho e mostrado, tornosse para el çielo donde viniera.

E quando fue otro dia, de grand mañana fueronse el Ynfante Flores e Blancaflor a las puertas del monesterio e començaron a llamar a grand priesa. E quando el prior lo oyo mando abrir las puertas, e quando vio que eran Flores e Blancaflor començaron a cantar el e los otros monges *Te Deum Laudamus*, que quiere dezir, "Señor, a ty loamos"[359] e reçibieronlos loando el nonbre de Jesucristo. E es-

---

[357] Remember what has been already said about Flores breastfeeding on Christian milk.

[358] Saint Augustine's apparition to the monks is the main reason for Flores and Blancaflor's conversion, and is not shared with any other version. Notice that Saint Augustine already prophesies the nativity of Charlemagne, making the desired connection between the Spanish monarchs and the Carolingian emperor. Correa Rodríguez is right when he says that "names as Saint Bernard, Saint Augustine, Guarín and Saint Paul, clearly give away the ecclesiastic affiliation of the compiler" (*Flores y Blancaflor*, 169).

[359] This hymn was generally attributed to Nicetas of Remesiana (ca. 338), and it was more widely known by its abbreviated title, *Te Deum*, or simply by the name of *Hymnus Ambrosianus*. In connection to the text of the *Chronicle*, it is interesting to note that popu-

tonçe el ynfante e Blancaflor apartaronse con el prior e dixeronle toda su fazienda e los grandes trabajos que auien passado deque se acordauan[360] fasta aquella ora, e demandaron que querien ser cristianos e creer en la ley de Jesucristo, e que les diessen luego bautismo a la ora. El prior llamo luego los monges del monesterio e dixoles todo lo que le auien dicho Flores e Blancaflor, saluo aquello que le dixeron que fue en confesion. Los monges loaron el nombre de Dios e de Sant Agostin. E el prior e los dos monges dixeron a los otros monges e a Flores e a Blancaflor como les aparesçiera el bendito confesor Sant Agostin, e contaronles todo el fecho e todo lo que les acaesçiera. E quando lo oyeron Flores e Blancaflor fincaron los ynojos en tierra e alçaron las manos contra el çielo, e loaron e bendixieron mucho el nonbre de Jesucristo, porque a tales pecadores como ellos eran quisiera demostrar por que fuesen saluos. E mucho fueron marauillados de aquello que dixera el prior que le mostrara Sant Agostin, que del linaje dellos avrie en Françia quien sienpre siruiese a Dios, e nunca se les partio del coraçon fasta que lo vieron, asy como la estoria lo contara adelante.

Entonçe el prior demando del agua e echogela por çima de las cabeças, estando de ynojos desnudos, e asi los bateo[361] en nombre de la santa fee e non departida trenidat: Padre e Fijo e Spiritu Santo, vn solo verdadero Dios; e faziendoles la señal de la santa cruz en las frentes e en los pechos e en las espaldas. E desta guisa fueron cristianos Flores e Blancaflor en la ysla del mar oçeano. E el prior e todos los monges dieron paz al Ynfante Flores, e el dio paz a Blancaflor, e non les puso otros nombres synon aquellos que se avien, ca por que los[362] vio a amos ydos muy fermosos entendio que les cayen mucho bien aquellos nombres. Estonçe el prior desposolos tomando los anillos e casolos en vno, e dioles la bendiçion ante el altar segunt manda la ley de Roma.[363] E el prior rogo mucho al Ynfante Flores que traxesse aquella su conpaña ante el, e que les querie pedricar (fol. 43) asi como mandara Sant Agostin. E el ynfante dixo que le dexase a el fablar primeramente con ellos e que, despues, que el los traeria antel, e el prior touolo por bien. E el ynfante e Blancaflor tornaronse entonçes para su posada a la su conpaña que estaua en la naue. E Flores apartose con Gaydon, su maestro, e con Gandifer, su ayo, e dixoles todo lo que auien fecho el e Blancaflor. E quando ellos gelo oyeron, touierongelo a muy grand mal, diziendo que fiziera muy mal fecho e que de alli adelante non aurien ellos caras con que se parar ante el Rey Fines, su padre, pues

---

lar belief used to think of this hymn as composed on the night that Saint Augustine was baptized.

[360] *7583:* acordaua.

[361] *bateo*: bautizó [*he baptized*].

[362] *7583:* lo.

[363] This is the first of Flores and Blancaflor's weddings, although it could be thought of as the second one if we consider what has been stated above. Notice the elaborate description of the baptism and the wedding of the heroes, which again gives away the compiler's affiliation with the church.

que tan mal los guardaran. A esto non les respondio otra cosa synon que la su yda alla en aventura estaua de tornar al reyno de su padre.

E en esta manera moro el Ynfante Flores en aquella ysla bien tres meses,[364] mucho amidos de sy, ca nunca en esta sazon se mouio ayre nin tienpo con que se mouiesen dende. E en este comedio, morando el Ynfante Flores en aquella ysla, nunca pudo con su conpaña que fuessen oyr la pedriçaçion del prior. E despues de los tres meses falleçioles la vianda de la naue e fueron en muy grand cuyta de fanbre. Ca el prior e los monjes non le querian dar de lo suyo ninguna cosa, sinon tan solamente a Flores e a Blancaflor e a vnos pocos que se auien tornado cristianos. E quando la otra conpaña del ynfante yuan tomar la vianda de los monjes, mostraua Dios tal miraglo[365] que luego perdien la vista de los ojos. E quando esto vieron los mas entendidos dellos fablaron con su señor el ynfante e dixeronle que el, que era su señor, que les diese consejo en aquella cuyta en que estauan e non muriesen assi de fambre. E el dixoles que non les sabie el dar otro consejo en aquella cuyta en que estauan saluo que fuessen oyr la palabra del prior, e lo que el les consejasse que esso fiziessen. E ellos, quando esto oyeron e se vieron muy cuytados, fizieron el consejo de su señor, e todos los mas fueron oyr la pedricaçion del prior. E quando el los vio ante sy, començo su sermon e mostroles todos los articulos de la fee de Nuestro Señor Jesucristo, e dixoles assy: que si en su ley quisiesen creer, que el los seguraua que luego que se fuesen para su tierra, e el que les daria vianda quanta les cunpliese. Ellos, quando esto oyeron, començaronse a bautizar. E el primero que reçibio bautismo fue Gandifer, ayo del ynfante. Desi todos los otros, de guisa que non finco grand nin pequeño que non fuese cristiano, sinon tan solamente Gaydon, maestro del ynfante, que dixo que ante se dexarie morir que lo fazer, pues que lo non fazia de coraçon.[366] Mas comoquier que estonçe non fue cristiano, fuelo despues en la çibdat de Cordoua por mano de don Guarin, legado de la corte de Roma, quando vino confirmar las iglesias del Andaluzia asi como la estoria lo contara adelante. E los de la conpaña de Flores que fueron cristianos en la ysla de la mar fueron, por cuenta, mill e dozientas presonas. E dize la estoria que tales ouo y dellos que lo fueron de coraçon, e otros con cuyta de la fanbre. Mas el prior e los monjes, parando mientes en la palabra que dixo el apostol Sant Pablo:

---

[364] Notice another tripartition—"three months."

[365] *miraglo*: milagro [*miracle*].

[366] It is Gaydon, again, the only one who follows a logical pattern. While all the men in his company convert to Christianity due to hunger, Gaydon refuses to do so, not because it would mean a betrayal of his religion, but because he does not feel it in his heart. This is proved by his conversion later on in the story, only after he has seen what the Christian God is capable of doing.

—En esto me glorefico, que todas las gentes alaban el nombre de Dios, siquier por voluntad, syquier por semejança, non faziendo fuerça sinon bautizarlos.[367]

E depues que todos fueron cristianos metiolos el prior en el monesterio e dioles muy bien a comer e a beuer. E luego, a la ora, començo a fazer vn viento muy sabroso. Estonçe el maestro de la naue dixo al ynfante que se fuessen de ally, que bien se daua a entender que verdat les dixera el prior. Essa ora rogo el infante al prior que les cumpliese lo que les prometiera e que les diesse vianda, ca en otra manera non podrien mouer de ally. E el prior fizolo muy de grado e dioles mucho pan, e azeyte, e figos, e otras frutas muchas, e otras legunbres, e refrescaron su naue de mucha agua e muy buena, e espidieronse del prior e de los otros monjes. E el Ynfante Flores e Blancaflor rogaron al prior e a los monges que sienpre los ouiesen mientes en sus oraçiones. E ellos otorgarongelo e dieronles su carta de creençia, en testimonio de todo quanto les acaesçiera en (fol. 44) aquella su ysla. E esta carta enbio despues al apostoligo de Roma, por que le enbio despues al legado Guarin, asi como la estoria lo contara todo muy conplidamente adelante. E entonçe alçaron la vela e començaron a yr a aventura[368] por la mar, ca el maestro de la naue nunca pudo asmar en que logar estaua. Mas quando fue al terçero dia, aquella ora misma que llegaron a la ysla conosçio el maestro en que logar estaua. E començo a gouernar la naue contra la estrella trasmontana e asi fueron yendo fasta otro terçer dia.[369] Estonçe le acaesçio muy buena ventura, ca se fallaron entre las otras presonas e naues que eran suyas, e depues que se conosçieron fizieron muy grand alegria vnos con otros. E el ynfante fablo con aquellos que eran cristianos e dixoles que non se descubriesen a aquellos otros fasta que el ouiese cobrado el reyno de su padre, e ellos prometierongelo todos que lo ternien muy bien en poridat quanto el touiesse por bien. Otrosy rogo a su maestro, Gaydon, que non los descubriese, e el prometiogelo muy de buenamente, ca lo amaua mucho por que le criara de pequeño, e de ally adelante asi los quiso Dios guiar, que a cabo de quinze dias arribaron al puerto de Almeria en el reyno del Rey Fines, su padre,

---

[367] It has taken me a lot of time to identify these exact words. They appear in Phil. 1:18: "quid enim dum omni modo sive per occasionem sive per veritatem Christus adnuntiatur et in hoc gaudeo sed et gaudebo" (*Vulgate*) or "¿Qué, pues? Que no obstante, de todas maneras, o por pretexto o por verdad, Cristo es anunciado; y en esto me gozo, y me gozaré aún" (*Reina-Valera* 1960). Notice that they are also mentioned in Fernán Pérez de Guzmán, *Generaciones y semblanzas*, ed. J. A. Barrio (Madrid: Cátedra, 1998), 145–46: "ca el apóstol Sant Pablo dize: 'en esto me alegraré que el nonbre de Jhesu Christo sea loado con verdad o con infinta'."

[368] *a aventura*: sin rumbo fijo [*without a fixed route*].

[369] The Pole-star (lodestar). The name *tramontana* was common among the sailors of the Mediterranean. Notice another two tripartitions in the story—"when the third day came," "another third day."

donde fueron reçebidos con muy grandes alegrias. Mas agora dexa la estoria de fablar desto e torna a contar del Rey Fruela.

XXIV. De los fechos del Rey don Fruela[370]

Andados dos años del reynado del Rey don Fruela, que fue en la era de 792, quando andaua el año de la encarnaçion del Señor en 744, e el inperio de Costantin en 17, saco su hueste Yuçaf, rey de España, e fue correr tierra de Galizia. E el andando destruyendo la tierra vino contra el el Rey don Fruela con grand cuaalleria otrosy, e lidio con el e vençiole, e fuyole del canpo. E murieron en aquella fazienda bien çinquenta e quatro bezes mill de los moros. E el Rey don Fruela metio de esa vez so el su señorio toda la prouinçia de Galizia, ca sienpre le fuera rebelde fasta en aquella sazon e non le querien obedesçer. E depues que la ouo metido so el su señorio fue sobre los nauarros que se alçaron e reuelaron e non le querien fazer vasallaje, e domolos e tornolos a su señorio. E desi tomo por muger a doña Menina, que era fija del rey de Nauarra. Desi fue con los nauarros sobre los gascones, que le non querien otrosy obedesçer, e tornolos otrosy a su voluntad. Depues que esto ouo fecho tornose para Asturias, e encaesçio y doña Menina de vn fijo que dixeron don Alfonso. Mas agora dexa la estoria de fablar desto e del Rey don Fruela, e torna a contar del Rey Fines, padre del Rey Flores.[371]

XXV. La estoria del Rey Fines, padre del Rey Flores[372]

Cuenta la estoria que quando el Ynfante Flores arribo en Almeria, en el reyno de su padre, asi como la estoria lo ha contado ante desto, que muy grandes fueron las alegrias que el rey su padre fizo, e estas alegrias duraron ocho dias. E despues de los ocho dias el ynfante mostro a su padre que auia grand pesar de la muerte de su madre. E dixo al Rey Fines, su padre, los grandes peligros que paso, mas non le conto ninguna cosa de lo que le acaesçiera en la ysla del mar oçeano. Mas dixole que agora agradesçie a Dios quanta merçed le fiziera en cobrar a Blancaflor e en guardar su cuerpo de quantos peligros auie passados.[373] Entonçe el Rey Fines, quando oyo lo que dizie su fijo Flores, gradeçiolo mucho a Dios, e desi dixole:

---

[370] *7583*: capit<ul>o xl q<ue> cuenta delos fechos del rey do<n> fruela.

[371] According to the chronicles of Asturias, Fruela "superó al pueblo que le era contrario en Galicia y que meditaba con insania contra su reino. También dominó a los sublevados navarros y de allí tomó esposa, llamada Munia, de la que tuvo un hijo al que dio el nombre de su padre: Alfonso": Casariego, ed., *Crónicas*, 127.

[372] *7583*: capit<ul>o xli q<ue> cuenta la estoria del Rey Fines padre del Rey Flores.

[373] In my opinion, this line does not only end the "Byzantine novel," but also summarizes what has been considered as its main feature: the hero must win back his lover,

—Fijo, por guardar yo este reyno para ty he leuado mucho trabajo despues que tu fueste de aqui. Ca despues de la muerte de Ysca Miramomelin, tu ahuelo, oue yo muchas contiendas con los reyes que enbiaua aca, mas loado sea Dios, nunca tan bien parado toue el reyno como agora, e so señor de la çibdat de Cordoua e de todo el Algarbe e del Andaluzia, por que quiero que nos vayamos amos para Cordoua, e quierote dexar el reyno en mis dias.

E depues que el Rey Fines ouo esto dicho, enbio por los altos omnes de su reyno que viniesen a Cordoua, que sopiesen en como era venido su fijo el Ynfante Flores, e que le queria dexar el reyno en su vida. E el Rey Fines mouio luego de Almeria e fuesse (fol. 45) para Cordoua, e leuo consigo a su fijo el Ynfante Flores. E Blancaflor finco en Almeria con la Condessa Berta, su madre. E despues que todas las gentes fueron ayuntadas en la çibdat de Cordoua, el Rey Fines—con plazenteria de los del Andaluzia e del Algarbe—dexo el reyno a su fijo Flores, e fue alçado rey. E de aquel dia en adelante fue llamado el Rey Flores del Andaluzia e del Algarbe. E dize Segiberto—el que fizo esta estoria de Flores e de Blancaflor, que fue natural de Cordoua e que se açerco y aquel dia en Cordoua—que besaron la mano al Rey Flores syete mill cauualleros de alaraues,[374] e bien mill e quinientos cristianos que fueran en el Andaluzia e en el Algarbe bien dende el tienpo[375] que fuera vençido el Rey Rodrigo, quando perdieron los cristianos la tierra, asi como la *Estoria de los godos* lo cuenta.[376] E despues que el Ynfante Flores fue alçado rey, non visquio el rey su padre mas de vn año. E ese año andudo el Rey Flores toda la tierra, e descubrio todo su fecho a los cristianos. E quando los cristianos sopieron en como el rey su señor era cristiano e tantos buenos cauualleros con el, e como era casado a bendiçiones con Blancaflor, ¿quien vos podrie contar el grand plazer que ouieron? E fincaron los ynojos en tierra, e alçauan las manos al çielo, e besauan la tierra muchas bezes loando e bendiziendo el nombre de Jesucristo. E apartauanse a conpañas e yuanse a la çibdat de Almeria, e besauan las manos a Blancaflor e a su madre la Condessa Berta. E quando la condesa vio esto, ¿quien vos podrie contar el muy grand plazer que ella auia en su coraçon? Ca Blancaflor, su fija, le auie dicho todo su fecho como passara, e por

---

who has been taken to an exotic land. In order to succeed, the hero must overcome a series of tasks or obstacles that are presented to him structured along the journey.

[374] *7583:* alauares.

[375] *7583*: el (reyno) t<ien>po.

[376] "Algarbe," from the Arabic *al-Gharb*, meaning "the West" (F. Corriente, ed., *Diccionario de arabismos* [Madrid: Gredos, 2003]). The denomination of "Algarbe" [algarabía, reyerta] is, according to Correa Rodríguez, "a frequent name in Spain's political world of the thirteenth century, which was due to the small fights on the frontier between the kings of Portugal and those of León" (*Flores y Blancaflor*, 78 n.14). Rodrigo (r. 710–711) was the last Visigothic king of Spain who, according to legend, lost his kingdom to the Arab invaders because of a woman named Florinda (la Cava), who was the daughter of the governor of Ceuta, don Julián.

esto auia muy grand alegria con ella e gradesçio mucho a Dios quanta merçed le auia fecho. E dizia asi:

—Señor, sy yo te siruiese asi como deuia, mucho mas de bien me farias que non es esto, e bendicho es aquel que verdaderamente te sirue asi como deue, e veolo en mi, que nunca te serui nin fiz por ty ninguna cosa, sinon que oue esperança en tu merçed. E por esto solo atendere que me faras mas, por que la tu piadat e el tu perdon es mucho mas grand que non son todos los pecados de todos los omnes. E fio por la tu merçed que la cuyta e el trabajo que yo he passado despues que salli de mi tierra, que solamente porque lo sofri non desfiuzando de ty, que gualardon avre dello.

E dize la estoria que esta dueña dizie verdat, ca quando era en su tierra con su marido el conde, fazie muy buena vida en ayunar e en oraçion e en fazer limosna. E auiendo muy grant sabor de seruir a Dios, rogo al conde su marido que fuesen a romeria a Santiago, asi que amos a dos lo ouieron de prometer, e ante que mouiesen fino el conde. E ella, por conplir el vocto della e de su marido, rogo al duque su padre que la leuasse a Santiago. E leuandola el padre fallaronse con los moros e mataron al duque e catiuaron a ella, que yua preñada de Blancaflor.[377] E seyendo catiua e pasando todos estos trabajos fazie sienpre su vida lo mejor que ella podie, ca ayunaua muy fuertes ayunos e echauase en oraçion de noche e de dia, e conosçiendose que por sus pecados le vinien aquellas cuytas e aquellos trabajos, e que mas meresçie ella de aquellos. E que ella sofririe de grado lo que le viniesse fasta que El touyese por bien, e que ella[378] esperarie en la Su merçed. E aquello poco que podia auer daualo a los cristianos pobres, e Dios—que es poderoso Señor e da gualardon a aquellos que lo siruen—[379] quiso gualardonar a aquella condessa el seruiçio que le avie fecho. E por las cuytas e por los trabajos que ella auie passado con paçençia, e auiendo buena esperança en El, quiso que ella fuesse sallida de catiuo e fuesse mas honrrada que ella era de ante. E que de aquella su fija que ella leuaua en su vientre a la romeria, que viniese quien lo a El siruiese. E aquellos que la prisieran e mataran al duque, su padre, que la obedesçiesen e fuessen sus vassallos, e de su fija. E metio en coraçon al Ynfante Flores que creyesse en El e que se fiziese cristiano, e que se casasse con su fija asy como la estoria lo ha ya contado.

---

[377] In all other versions, these events are usually narrated at the beginning of the story.

[378] *7583*: el.

[379] There is implicit a certain parallelism with the words of the sultan upon forgiving Flores and Blancaflor: "Ca la cosa del mundo que mas deuen guardar los reyes es conosçer el seruicio que les fazen, mas a los estraños que a los suyos."

XXVI. Del fecho de Flores e Blancaflor[380]

Avn va la estoria siguiendo el fecho de Flores e de Blancaflor, e dize assy: que despues que el Rey Fines, padre del Rey Flores, fue muerto, que finco el apoderado de todo el reyno del Andaluzia e del Algarbe, e non auie otro (fol. 46) heredero sinon el. E quando el Rey Flores vio que estaua bien apoderado del reyno e que non auie contrario ninguno, descubriose a todos aquellos que lo non sabien como era cristiano e casado con Blancaflor. Quando esto oyeron los moros fueron mucho marauillados, e comoquier que en el comienço fuessen rebeldes, a la çima fueron los mas cristianos. Ca quando vieron que tan grant gente se fizieran cristianos con el Rey Flores, e el grand miraglo que Dios mostrara por ellos, e otrosi como los otros cristianos—que eran sus siguientes asi como sieruos—eran acordados con ellos, non osaron al fazer sinon lo que el rey touo por bien. E despues que el Rey Flores vio[381] que todos eran cristianos, mando ayuntar su corte en la muy noble çibdat de Cordoua, e desque todos fueron ayuntados fizo sus bodas muy ricas e muy nobles con Blancaflor, asi como si aquel dia casasse con ella primeramente.[382] E luego mando a todos que la resçibiessen por señora e que fuesse llamada "reyna del Andaluzia e del Algarbe." E asi quiso Dios que luego conçibio la reyna de vna fija que ouo nonbre Berta, que fue casada con el Rey Pepino de Frañçia, asi como la estoria lo contara adelante.

E despues que el rey ouo fecho sus bodas, enbio sus mandaderos por mar al Rey don Fruela, e enbio con ellos la carta de creençia que le dieran el prior e los monges de la ysla del mar oçeano, la qual fazia fee de como el era cristiano. E otrosi le enbio su carta en como le enbiaua muy afincadamente a rogar—que pues quisiera que fuese su hermano en la ley de Jesucristo—que le enbiase algunt obispo que restaurase las mezquitas de su reyno. Otrosi mando a los mensajeros que despues que ouiesen fablado con el Rey don Fruela que se fuessen al apostoligo de Roma e que le dixesen[383] todo su fecho, e que le pidiesen merçed que enbiase quien guardase el reyno de las cosas que pertenesçien a la ley de los cristianos. Dize la estoria que quando los mandaderos del Rey Flores llegaron al Rey don Fruela que le fallaron en Galizia. E quando el vio la carta del Rey Flores e la carta del testimonio como fuera cristiano, e sopo todo su fecho como passara asi como la estoria lo ha contado, touo al Rey Flores por muy bien auenturado, e que le fiziera Dios mucho bien e mucha merçed. E ouo tan grand plazer que finco los ynojos en tierra e alço las manos al çielo, e bendixo e loo mucho el nombre de Jesucristo. Desi enbio al Rey Flores dos obispos e muchos otros clerigos, e dio a los mensajeros para despensa quanto ouieron menester fasta la corte de Roma.

---

[380] *7583*: capit\<ul\>o xlii q\<ue\> va la estoria siguiendo del fecho de flores & blanca flor.
[381] *7583*: flores (te) vio.
[382] Second and definitive wedding of the heroes (or, third, if we consider what has been stated above).
[383] *7583*: dixese.

E despues que los obispos e los otros clerigos llegaron al Rey Flores, sallolos el a resçebir mucho honrradamente. E los otros pocos clerigos que auie en la tierra resçibieronlos en cada logar en proçesion. E ellos restolauan luego las mesquitas en iglesias, e bendizien e consagrauan todas las otras cosas que son menester para seruiçio de santa iglesia.

Estonçe era ya encaesçida la Reyna Blancaflor, e los obispos batearon la fija del Rey Flores e pusieronle nombre Berta, asi como a su ahuela la condesa. E el rey enbio luego por todo su reyno e mando que le catasen mugeres que touiesen leche, las mas que pudiesen auer, e que fuesen fijas dalgo e de buenas costunbres, e traxeron dellas bien çinquenta. E el rey mando a sus fisicos e a sus sabios que escogiesen vna de aquellas mugeres, aquella que entendiesen que auien menester e tenie mejor leche e que mejor la criaria, e ellos fizieronlo asi. Ca entre aquellas dueñas auie vna que enbiudara poco tienpo auie e fincara preñada quando muriera su marido, e encaesçiera—en esse mesmo tienpo que la reyna pariera otrosi—vna fija que traxera y consygo. E a aquella escogieron que criase a la ynfante Berta, e la su fija dieronla a criar a otra dueña. E las otras dueñas que troxeron y por aquella razon fizoles el rey algo e enbiolas para sus tierras. E los obispos fincaron con el rey fasta que vino el legado de Roma. Esta dueña que criaua a la ynfante era apuesta e entendida, e de buena palabra, e crio bien a la ynfante, pero que la criança que en ella fizo quisola despues afollar, ca con cobdiçia mala metio grand bollicio en los reynos de Françia e de Alemaña, por que ouieron a tomar muerte ella e su fija asi como lo contara la estoria adelante.[384] Mas agora dexa la estoria de fablar desto e torna a contar de los mandaderos que el Rey Flores enbiara a la corte de Roma.

XXVII. De los mandaderos que el Rey Flores enbio a la corte de Roma[385]

Cuenta la estoria que quando el Papa Paulo vio los mensajeros del Rey Flores e le mostraron la carta del prior de la ysla del mar oçeano, e vio e entendio por ella el muy grand miraglo que Dios fiziera por el su bendito santo bienaventurado (fol.

---

[384] This woman puts her own daughter in the place of Berta, so that she will become queen of France. When Blancaflor travels to the court of France and demands to see her daughter, the false Berta pretends to be ill, and only allows Blancaflor to see her in a dark chamber. Nevertheless, Blancaflor feels her feet and discovers an anomaly—"auie los dos dedos de en medio de los pies çerrados fasta ençima" (Gómez Pérez, "Leyendas medievales," 105)—which her daughter did not have. The Spanish manuscript is the only text where the anomaly does not lie in Berta's feet, for from this anomaly—present in all the traditional French versions—she has taken the name of "Berthe aux grands pieds."

[385] 7583: capit<ul>o xliii q<ue> fabla de los mandaderos q<ue> el Rey Flores enbio ala corte de roma.

47) padre confessor Sant Agostin, diz que entro luego en consistorio e otorgo a los mandaderos del Rey Flores quanto le enbiaua demandar. E enbio a España vn legado que auie nombre Guarin, que era cardenal e obispo d'Aluana.[386] E mandole que fiziese conçilio en España e que coronase al Rey Flores e a la Reyna Blancaflor por reyes de aquellos reynos que se conuertieran con ellos a la fee de Jesucristo, e esto que lo fiziese en amor del confesor Sant Agostin. E depues que el padre santo apostoligo ouo esto mandado, entonçe sallio el legado de la corte, e con el los mensajeros del Rey Flores, e vinose para España. E luego que llego a la çibdat de Leon fizo y conçilio e confirmo y el obispado que el Rey don Fruela le fiziera en Ouiedo. Desy fuese para Galizia e entro y en mar, ca non oso yr por terreño porque toda la tierra era de moros, e a cabo de dos meses arribaron al puerto de Almeria. E quando el Rey Flores lo sopo salliole a resçebir con los obispos que el Rey Fruela le enbiara e con toda la otra clerezia. E depues que todos fueron ayuntados en la çibdat de Cordoua, el rey mando que se ayuntasen y todos los pueblos. E lo primero que el legado fizo fue que corono e consagro al Rey Flores, e corono a la Reyna Blancaflor, e desy crismo[387] a la ynfante Berta. Ca al rey e a la reyna e a los otros cristianos ya los auien confirmados los otros obispos. E despues desto esleyo dos arçobispos, vno en Seuilla e otro en Bragana, e non fizo mas en toda la tierra de ocho obispados, e consagro la iglesia de Cordoua. E en este logar dize la estoria que quando Gaydon, maestro del Rey Flores, vio todo aquello que el legado auie fecho, que ouo muy grant plazer. E comoquier que el rey nunca pudiera con el que fuese cristiano, el por si demando al legado que lo querie ser. E el legado por sus manos le bateo, e fueron sus padrinos tres obispos e fue su madrina la Condesa Berta,[388] madre de la Reyna Blancaflor. E el legado pusole nonbre Agostin, que quiere dezir "tardinero en creençia."[389] Mucho fue buen cristiano este Agostin, e muy catolico, e sienpre el Rey Flores siguio por su consejo. E depues que el legado don Guarin ouo conplido quanto le mandara el apostoligo fuese para Roma. Estonçe Yuçaf Alchari, que era rey de España, ouo grand pesar quando sopo que el Rey Flores con tantos de los moros eran cristianos. Enbiole reptar e dezir que pues que auie dexada la ley de Mahomad, que le dexasse la tierra e se fuesse para tierra de cristianos, ca aquella tierra que el tenia,

---

[386] I have not been able to identify this character. However, as Avalle-Arce claims, "*Garin* is a common name in French romances, with many variants. In the *Tristan en prose*, another source for the *Amadís* [*de Gaula*], one of the characters is called Garin (Guivret, Gaheriet) de Lamballe" (*Amadís*, 133, n.16).

[387] *crismo*: cristianizó, bautizó [*he baptized*].

[388] *7583*: condesa (so) berta.

[389] It is obvious that Gaydon's baptism as "Agustín" (Augustine) refers to the saint responsible for Flores's conversion to Christianity. The name cannot be explained etymologically, as the compiler asserts, since its Latin meaning is "exalted," "he who deserves to be venerated," "augustus," and not, as the *Chronicle* says, "late believer." The interpretation proposed in our MS refers to Saint Augustine's conversion to Christianity late in life.

que los reyes moros de cuyo linaje el vinie, con ayuda de Mahomad la ganaran. E pues el auie dexado la su ley, que non deuie auer la tierra. Sobre esto enbiole amenazar que si la non quisiese dexar que el vernie sobre el, e que le prenderie a el e a todos aquellos que se tornaran con el a la ley de los cristianos, e que farie en el e en los otros atal escarmiento, e les darie atal muerte por que otros ningunos nunca se atreuiesen a dexar la ley de los moros. E el rey ouo su consejo sobre aquello que le enbiaua dezir el Rey Yuçaf, e por consejo de su maestro don Agostin non le quiso enbiar otra respuesta sinon que fiziese su poder, ca el fiaua por la merçed de Jesucristo en que el creye, que le defenderie del e que le ayudarie, por que la tierra que el tenia que la avrie de El. E guisose luego e mouieron sobre el con muy grand hueste e gano del muy grant tierra. E de guisa lo apremio que de ally adelante fue su vasallo e le dio parias[390] cada año. Mucho fue buen rey e buen cristiano este Rey Flores, mas visco poco tienpo, que non reyno mas de diez e ocho años. E luego que fue el muerto perdiose la tierra toda e ganaronla moros que vinieron despues, asi como la estoria lo contara adelante. Mas agora dexa la estoria a fablar del Rey don Flores por contar de Moroan el miramomelin de Africa.

XXVIII. De Moroan, miramomelin de Africa[391]

Andados tres años del reynado del Rey don Fruela, leuantose contra Moroan el miramomelin vno que auie nombre Abdalla[392] porque tomara el señorio asi como non deuiera, e vino sobre el con grand hueste. Moroan, quando lo sopo, negol luego esfuerço de coraçon e con el grand miedo que ouo tomo quantos thesoros pudo auer e fuesse a tierra de Libia, cuydando y auer algunos que le ayudasen contra Abdalla por darle batalla. Abdalla,[393] quando lo sopo, fablo con los viejos del pueblo e alçosse por rey por consentimiento dellos. Desi enbio en pos de Moroan a vn su tio, que auie nombre Sacon,[394] con grand hueste de alaraues e de persianos. E ellos andauan en pos el de logar en logar (fol. 48) segundandole. E por-

---

[390] *parias*: "El tributo que paga un príncipe a otro, en reconocimiento de superioridad" (*Autoridades* 1737: 130, 1) [*The tribute paid by one prince to another, acknowledging his superiority*].

[391] *7583*: capit<ul>o xliiij q<ue> fabla de moroan miramomelin de africa.

[392] The manuscript refers to the deposition of the last Umayyad caliph of Damascus, Marwan II, who was deposed by Abu-l-Abbas al-Saffah, the first Abbasid caliph. Notice how the compiler has referred to him previously as "al-Saffah" [MS. *Azalo*], and now as "Abu-l-Abbas," who was also known as "Abdallah" [MS. *Abdalla*].

[393] *7583:* adalla.

[394] After the battle of the Greater Zab (750), Marwan II flees to Egypt, where he is finally killed. Abu-l-Abbas does not send his uncle after Marwan, as the compiler says, but instead sends his brother Salih, which may as well coincide with the manuscript's "Sacon."

que Moroan fiziera mucho mal a los moros non fallaua solamente vn logar en que le quisiesen acoger nin anparar. E el, con la grand cuyta e la quexa, ouo de passar el rio de Nilo e acogiose en vn logar que dizen en arauigo Asimo,[395] e aquellos que yuan en pos el çercaronlo ally e lidiaronle muy de rezio con saetas e con otros engeños. Mas Moroan, de la otra parte, esforçauase con los suyos e anparauase muy bien, e duroles esta contienda dos dias e murieron y muchos del vn cabo e del otro, mas al terçero dia fue Moroan preso e mataronlo luego y.[396] E despues que el fue muerto non quisieron matar ninguno de los otros moros sinon fue de los mas poderosos. E tornaron las cabeças de los moros de aquellos que mataron ally e la de Moroan, e enbiaronlas en presente a Abdalla como si fuessen otras donas preçiadas. E la otra ganançia que y tomaran partieronla entre sy e asosegaron toda aquella tierra. Mas agora dexa aqui la estoria a fablar vn poco por contar del desacuerdo que ouo entre los del linaje de Mahomad, que fue asi como papa de los moros. E en este logar cuenta la estoria que desde el tiempo de Mahomad, el propheta de los moros, fasta en aquella sazon en que murio Moroan, tan bien los alaraues de allen mar como los de aquen mar,[397] todos obedesçien a vn señor e a miramomelin, ca de los del linaje de Humaya desapoderaron a los de Albaçin[398] e echaronlos del poder e del señorio que auien e mataron quantos fallaron que de su linaje eran. Humaya e Albaçin vinien del linaje de los fijos de Mahomad, el su grand propheta de los moros. E duro grand tienpo entre estos dos linajes de aquellos dos hermanos enxeco[399] e contienda. Pero algunos dizen que Mahomad non ouo mas de vna fija que ouo nombre Fatima e fue casada con Aby Aben Tahali, que era su escriuano.[400] E fue el quarto rey despues del, e reyno quatro años e ocho dias, pero que lo non fallamos en toda esta estoria que auemos contado synon aqui en este logar. Ca segunt que lo ha contado la estoria ante desto, el quarto rey que fue despues de Mahomad ouo nonbre Moabia.[401] E deste Aby Aben

---

[395] The place that the manuscript identifies as "Asimo" is "As-Sa'id," the Arabic term for upper (southern) Egypt.

[396] Notice another tripartition—"on the third day."

[397] The compiler is referring, on the one hand, to the Arabs in Spain [MS. *aquen mar*], and on the other, to those in Africa [Ifrikyya] and the rest of the empire [MS. *allen mar*].

[398] The Umayyads [MS. *Humaya*] and Abbasids [MS. *Albaçin*] are the two most important dynasties in Islam. The compiler's assertion concerning the victory of the Umayyads over the Abbasids is interesting, for it is placed at the time when the latter crush the former and take over the caliphate of the empire.

[399] *enxeco*: "Lo mismo que descomodidad u molestia" (*Autoridades* 1732: 532, 2) [*The same as discomfort*].

[400] The compiler leaves a blank space where the word *escriuano* (scribe) should be. For the correction according to the *Versión primitiva* of the *Estoria de España*, cf. Bautista, *La materia de Francia*, 231.

[401] Fatima (606–632) was, indeed, the daughter of Muhammad and Khadidja, or else the only surviving child of seven. She was married to Alí ibn Abu Talib (r. 656–660), whom the compiler calls "Aby Aben Tahali," cousin to Muhammad. As the manuscript

Tahali e de aquella Fatima salleron estos linajes que sienpre ouieron contienda e pelea vnos con otros, e lo han oy en dia. E los vnos obedesçen al galifa de Bagdad[402] e los otros al galifa de Egipto.[403] E despues de la muerte de Moroan, los del linaje de Humaya que morauan allen mar[404] partieronse del señorio de Africa so que eran, e fizieron cabeça de su reyno en la çibdat de Cordoua, asi como la estoria lo contara adelante. Despues que fueron departidos los vnos de los otros por señores, mantouieron sienpre guerra e enxeco vnos con otros, e desamaronse e buscaronse mal quanto pudieron e duroles aquel desamor desde el tienpo de los almohadis,[405] que fueron señores de los mas de España e de Africa. Ca los almohadis tomaron toda la tierra e metieron grand pieça de España so el su señorio fasta el tienpo del Rey don Fernando, que agora yaze en Seuilla, en cuyo tienpo fue Aben Hut. Este Aben Hut echo todos los almohadis de la tierra e ouo el solo todo el señorio de aquen mar, mas duroles poco tienpo.[406] Agora dize la estoria

---

says, he will become the fourth king (caliph) after the Prophet. Muawiya ibn Abu Sufyan [MS. *Moabia*] (r. 660–680), is not the fourth caliph, as the compiler recalls from historiographic sources, but is actually the fifth of the rulers after Muhammad. The confusion between the compiler's assertion and the "estoria" that he quotes must come from the fact that Muawiya I was the first caliph of the Umayyad dynasty of Damascus, ending the Muhammadian dynasty of Medina.

[402] *7583*: baldat.

[403] This mention of a caliphate in Egypt refers to the fact that the Fatimids, Shiites who descended from Muhammad's daughter Fatima, conquered Egypt from the Abbasids in the 960s and established a new capital in 969–973, naming it al-Qahirah (Cairo). Meanwhile the Abbasids had moved the capital of the empire from Damascus to Baghdad.

[404] The compiler had written *allen mar*, but later corrected it for *aquen mar*. This is, however, erroneous. The text speaks of the Arabs of Africa (*allen mar*) going to Spain (*aquen mar*), establishing the capital of their kingdom in Córdoba.

[405] The "almohades" [MS. *almohadis*], a Spanish corruption of the Arabic "al-Muwahhadis" (the unitarians), were a religious power which confronted the ruling Almoravids and conquered all northern Africa as far as Egypt, as well as Muslim Spain. They originated in the early twelfth century with Muhammad ibn Tumart al-Mahdi (1080–1132).

[406] The Almohades were finally defeated in the famous and decisive battle of "Las Navas de Tolosa" (16 July 1212) in the Spanish region of Sierra Morena. The army of King Alfonso VIII of Castile was joined by the armies of Sancho VII of Navarre, Alfonso II of Portugal, and Pedro II of Aragon, to expel the caliph Abu 'Abd Allah Muhammad Al-Nasir (r. 1199–1213) from Spain. The King "don Fernando" to which the manuscript refers is Fernando III of Castile (r. 1230–1252), father to Alfonso X, although the Almohades had been expelled eighteen years before his reign. The king was, as the manuscript says, buried in Seville's Cathedral. Muhammad ibn Hud [MS. *Aben Hut*] (r. 1228–1238), king of Murcia, emphasized, on the one hand, resistance against Fernando III, and on the other, acknowledged himself to be a vassal of the king of Castile, and even helped him against other Muslims. Concerning the expulsion of the Almohades

que quando los moros de aquen mar sopieron la muerte de Moroan e el grand desacuerdo que auie entre los moros de allen mar, partieronse del señorio . . .[407]

donde era natural vn omne poderoso que auie nombre Belgi, que cuenta la estoria adelante, e non lo quisieron sofrir, vista aquella enemiga tan grand, e ouieron por ende de auer muy grand fazienda vnos con otros asy como agora diremos. Ca se ayuntaron aquellos dos pueblos que auemos dicho e fizieron señor sobre sy a Belgi, e segudieron de sus seruizes el señorio de los alaraues. Ysca el miramomelin, quando lo sopo, enbio contra ellos vno que auie nombre Cultho, que era adelantado de partes de Oriente, e diol diez mill caualleros. E luego que llego a aquella tierra do se alçara Belgi, ouo su consejo con aquellos que con el yuan que corriesen toda la tierra de aquellos que reuellauan el señorio de Ysca, e que gela destruyesen fasta la mar de çerca Tanjar.[408] Los reuellados otrosy, quando lo supieron, desnuaronse[409] todos e reboluieron vnos paños delgados derredor de si con que cubriesen tan solamente non mas de sus lugares vergoñosos. E caualgaron en sus cauallos muy fermosos e muy corredores, e tales desnudos que non leuauan al sinon sus espadas e sus azagayas, e fueronse para aquel logar do Cultho estaua, e esto en la ribera de vn rio Mafani. E los reuellados eran negros como la pez e auien los cabellos crespos e los dientes blancos e los ojos auien (fol. 49) bermejos, e pararon sus azes los vnos e los otros, mas los de parte de Cultho, pero que eran muchos, quando vieron venir asy los reuellados tan negros e tan espantosos, con sus dientes regañosos e los ojos bermejos e andar sobre cauallos tan fermosos, fueron tan espantados que non sopieron desi parte nin mandado. E non ellos tan solamente, mas en verdat los sus cauallos non los podien tener, con el pauor dellos. E con el grand miedo que les ouieron, tornaronles las espaldas e començaron a foyr, e los negros yendo en pos ellos en alcançe los alaraues en tres partes,[410] mas por doquier que fueron alla murieron todos los mas. E sy por auentura escaparon y algunos, non dize la estoria que fue dellos. La hueste de los reuellados avie estonçe por cabdillo a Belgi, aquel que ha dicho la estoria que se alço con ellos e reyno sobre ellos tres años, e era omne de muy alta sangre e muy esforçado en fecho de armas. En pos esto,[411] enbio aquel Belgi grand poder

---

from Spain, however, ibn Hud does not seem to have played an important part, as the compiler claims.

[407] The following three paragraphs belong to Chapter XIV (this edition). This paragraph should end with "de Yuçaf Alchari" (not in the MS, but reconstructed from the *Versión primitiva* of the *Estoria de España*) and continues, below, with "E alçaronse en las Españas tres reyes. . ." For the correction, cf. Bautista, *La materia de Francia*, 232.

[408] *7583*: tomar. For the correction according to the *Versión primitiva* of the *Estoria de España*, cf. Bautista, *La materia de Francia*, 182.

[409] *7583*: destruyeronse. For the correction according to the *Versión primitiva* of the *Estoria de España*, cf. Bautista, *La materia de Francia*, 182.

[410] Notice, again, the tripartition—"three parts."

[411] *7583*: este.

de aquellos reuellados e pasaron la mar por su mandado, por mal e quebranto de la gente de España.

Desde estonçe ouo moros negros en España fasta oy, comoquier que pasaran algunos con Tarif,[412] mas tornaronse luego allen mar. Quando Abdemelid[413] el rey de Cordoua sopo en como vinien aquellos reuellados, guisose para yr al puerto de la mar e enbargarles la pasada si pudiese. Mas ouo su acuerdo de enbiar rogar al Rey Fines de Almeria[414] que le ayudasse contra aquellos que se alçaran contra el señorio de su padre. E el Rey Fines enbiole dezir que le plazie. Mas los otros moros de España, quando aquello vieron e entendieron, auiendo sabor de ayudar a Belgi allegaronse todos en vno para conquerir la tierra a Abdemelid, e lidiar con el si menester fuese. E fizieron de si tres partes,[415] e esto fazien ellos por desamor que auien con el. E la vna de aquellas tres partes fue a Toledo, e la otra contra Cordoua que matasen a Abdemelid[416] si pudiesen. La terçera enbiaron al puerto de Çebta, que resçibiesen aquellos que Belgi enbiaba a España, que los guiasen[417] por la tierra sobre razon que le buscasen algunos de los alaraues que fuxeran[418] de la batalla que ouiera con ellos, si por aventura fuesen en la tierra. Abdemelid,[419] quando aquello oyo, fue luego a aquella parte que yua[420] a Toledo—que auia ya diez e siete dias que tenien çercada la çibdat—e matolos y todos. Contra la otra que yua a Cordoua, enbio vn alaraue que auie nombre Almozoar[421] que lidio otrosi con ellos, mas mataronle y muchos de los suyos pero al cabo vençiolos el e metiolos a espada.

Contra la terçera parte, que era yda al puerto, fue el Rey Fines por razon que estaua mas açerca e lidio con ellos e vençiolos. E asi estoruaron la passada a los reuellados desta vez, e nunca ellos a España pasaran si non por la soberuia de

---

[412] The compiler refers to Tarif ibn Malluk, or Tarif Abu Zora, as the chronicle *Ajbār Maymū'a* refers to him. He was in charge of the Arabs' first expedition to Spain in 710.

[413] *7583*: admelid.

[414] King Fines is also dead by now. The story refers to previous events. Notice that, at the end of the same chapter, the compiler already refers to "King Flores," son of Fines.

[415] Tripartition—"three parts."

[416] *7583*: addemelic. 'Abd al-Malik ibn Qatan al-Fihri, emir of Córdoba, still dependent on Damascus.

[417] *7583*: guiase.

[418] *7583*: fizieran. For the correction according to the *Versión primitiva* of the *Estoria de España*, cf. Bautista, *La materia de Francia*, 183.

[419] *7583*: addemelic.

[420] *7583*: yra.

[421] Abu Yafar al-Mansur (r. 754–775), who will become the second Abbasid caliph, founding the city of Baghdad in 762. His name, "the victorious," is hispanized to "Almanzor," but it should not be confused with the latter Abu Amir Muhammad ibn Abi Amir (d. 940), who took the name "Al-Mansur 'Abd Allah" (the victorious servant of God) and became the most famous "Almanzor" in Spanish history.

Abdemelid.[422] Ca seyendo el muy loçano por todas estas batallas que vençiera, enbio sus cartas de amenaza a Belgi. E quando ouo leydas las cartas fue muy sañudo ademas, ca se touo por desonrrado de Abdemelid[423] e enbio luego contra el a Abdurramen, prinçipe de su caualleria, que le guerrease e le bedasse aquel loco atreuimiento. Abdurramen, luego que lo sopo, ayunto mucho mas gente de los reuellados e paso la mar al puerto de Alicante, e non oso venir por el estrecho de Cadiz[424] por razon que el Rey Fines tenie los puertos de Algezira e de Tarifa. E depues que llego a Cordoua, prisola e priso y a Abdemelid[425] e fizole fazer rey dende a Yuçaf Alchari...[426]

E alçaronse en las Españas tres reyes.[427] E el primero que se alço fue vn moro mucho onrrado que auia nombre Hixen e era del linaje de Aben Humaya, e este se alço con Toledo. E por que auie vn alguazil que auie nombre Galafre, llamauanle las gentes en sus cantares "el rey galafre."[428] E este Hixen reyno en Toledo quarenta e çinco años, e avia vna fija que dixeron Halia. E esta Halia fue despues casada con Carlos el Grand, rey de Françia. E quando la fizo cristiana pusole nombre Galiana, asi como la estoria lo contara adelante.[429] E el segundo rey que se alço en las Españas fue vn moro que auie nombre Abrahen. E este se alço en Çaragoça, e por que era tan grand como vn gigante llamanle las gentes

---

[422] *7583*: addemelic.

[423] *7583:* addemelid.

[424] *7583*: caliz.

[425] *7583:* addemelid.

[426] The three paragraphs above correspond, as I have mentioned before, to chapter XIV (this edition).

[427] Notice another tripartition — "three kings" —, which in this case is not true (see below).

[428] The first king of the three that the manuscript mentions in Spain is identified by the compiler as Hisham [MS. *Hixen*], belonging to the dynasty of the Umayyads [MS. *Aben Humaya*] and holding the city of Toledo. The real governor of the city of Tulaytula (Toledo) was Alfaharí, but he was also known, as the manuscript says, as "Galafre." The fact that he reigned for forty-five years, as the compiler argues, is uncertain.

[429] Halia, the daughter of the governor of Toledo, allows for another link with the stories relating to Charlemagne. MS. 7583 narrates the three stories of *Flores y Blancaflor*, *Berta de los pies grandes*, and *Mainete*, making Flores and Blancaflor the grandparents of young Charlemagne. When Charles takes Halia back to France with him, he gives her the name of "Sevilla Galiana": "Ca despues que torno cristiana a la ynfante e le puso nonbre Sebilia Galiana" (fol. 78rb).

en sus cantares[430] "el rey Bramante."[431] E el terçero rey que se alço en las Españas fue vn moro que se alço en la çibdat de Burdel, mas non dize la estoria como auie nombre.[432] E avn dize la estoria que otro rey se alço en la çibdat de Tolosa. Mas agora dexa la estoria de fablar desto por contar del Rey Flores e de Yuçaf Alchari (fol. 50).

XXIX. La estoria del Rey Flores e de Yuçaf Alchari[433]

Cuenta Sigiberto en su estoria que quando Yuçaf Alchari vio en como se alçauan los moros de España en la tierra, e fincaua el sin ningunt señorio, diz que enbio su mandado al Rey Flores en que le enbiaua demandar que, pues que el era su vasallo e le pechaua parias, que le rogaua mucho que le viniese ayudar contra aquellos moros que se alçauan en la tierra. E el Rey Flores, quando vio lo que le enbiaua rogar Yuçaf, saco luego muy grand hueste contra Toledo, e fazia aquella parte lo atendia Yuçaf otrosy con su hueste. E depues que amas las huestes fueron ayuntadas enbio el Rey Flores a dezir a Hixen,[434] aquel que se alçara con Toledo, que de dos cosas fiziese la vna: O que sallese a la batalla, o que obedesçiese a Yuçaf. E quando Hixen oyo el mandado del Rey Flores, enbio el otrosy su mandado a Abrahen, el otro moro que se alçara con Çaragoça, en que le enbio dezir que el Rey Flores e Yuçaf Alchari que eran venidos sobre el con muy grand hueste. E otrosi le enbio dezir lo que el Rey Flores le demandaua e que le rogaua mucho que

---

[430] The MS uses here the abbreviation *cās*, which usually stands for *cartas* (twice at the beginning of this paragraph, for instance). Whether the compiler meant to write *cartas* or the abbreviation is also used for *cantares*, the correct reading is the latter. We have just learned that the king of Toledo is called Galafre in the *cantares* (spelled out), so what we know about the king of Zaragoza is also derived from these sources (epic songs). It is interesting to note this indication that some of the sources used for the story are epic poems and *gestas*, especifically those dealing with Charlemagne.

[431] The second king mentioned by the compiler is identified as Abrahen, holding the city of Zaragoza, and also called Bramante. According more to legend than history, this king has earned the name "Bramante" for being of the height of a giant (Sp. *gigante*), and allows for yet another link with Charlemagne. While serving the governor of Toledo, Charlemagne kills Bramante and earns the famous sword Durandart from him: "Maynete... matole ally e cortole la cabeça... e tomo la espada Durandarte e metiola en la vayna e echosela al cuello e fue en ello bien andante, ca era vna de las mejores que en el mundo auie, e doquier que se acaesçio el con ella, siempre fue bien andante" (fol. 73ra).

[432] The compiler is referring again to Carolingian epic poems. The king in Bourdeaux [MS. *burdel*] is Yon, and the one in Tolouse [MS. *tolosa*] is Begón. Charlemagne helps the former against the latter, as he had done in his youth in the war between Galafre and Bramante in Spain.

[433] *7583:* capit<ul>o xlv q<ue> cuenta la estoria del Rey Flores & de yuçaf alchari.

[434] *7583:* yxen.

le viniese ayudar, o que fiziesen amos alguna abenençia con el. E en este logar dize la estoria que entre tanto que Hixen enbio su mandado a Çaragoça, que el Rey Flores enbio sus mandaderos otrosy al Rey Fruela que sacase su hueste contra Toledo, e que el del vn cabo e el del otro, que ganarien las tierras de los moros con la merçed de Dios, e que quanto ellos ganasen que lo partiesen por medio. E quando el Rey don Fruela reçibio el mandado del Rey Flores, ouo muy grand plazer e luego començo a guisarse en como sacase su hueste.

E en todo esto el Rey Flores e Yuçaf Alchari eran ya sobre Consuegra,[435] e tanto apremiaron a los moros que tenian ya presa la villa e conbatian el castillo. Mas quando Hixen e Abrahen lo sopieron, fizieron su abenençia con el Rey don[436] Fruela e con el Rey Flores en tal manera que el Rey don Fruela ouiese sus parias cada año de Çaragoça e el Rey Flores de Toledo, pero a tal pleito que Hixen se llamase rey de Toledo, e Abrahen, rey de Çaragoça. E Yuçaf Alchari que se fincase por rey mayor como solia antes, estonçes el Rey Flores tornose para el Andaluzia, pero en todo esto non estudo de vagar. Mas luego a pocos de dias, guiso muy grand flota e entro en las naues e paso a Africa por el estrecho de Cadiz.[437] E luego en su llegada ganaron la villa de Zale e el castillo de Tanjer.[438] E era estonçe señor de Marruecos vn moro del linaje de Aben Humeya que auie nombre Abdurramen.[439] E quando sopo que el Rey Flores vinie sobre el e avie presa la villa de Zale e el castillo de Tanjer, saco luego su hueste a muy grant priesa e fue contra el Rey Flores. E depues que amas las huestes se vieron a ojo, pararon luego sus azes e començaron a lidiar. E dize la estoria que tan bueno fue aquel dia el Rey Flores en la fazienda que non ouo y cavuallero que tanto afan y leuasse, en guisa que Abdurramen fue vençido e siguiole el Rey Flores bien fasta çerca de Arauia. E murieron aquel dia en la fazienda de la conpaña de Abdurramen[440] diez mill moros. E el Rey Flores entro estonçes por la tierra e conquirio muy grant partida della en menos de dos años. E esto fizo el con ayuda de los otros cristianos en la çibdat de Marruecos, e avn oy dia los ha y, e llamanlos frafanes.[441]

---

[435] Consuegra is still a village in modern-day Toledo.

[436] *7583*: el don.

[437] *7583*: caliz

[438] The assertion that King Flores went to Morocco and conquered the village of Salé [MS. *Zale*] and the castle of Tánger [MS. *Tanjer*] is very interesting, for it was in fact Yusuf al-Fihri [MS. *YuçafAlchari*] who crossed the strait of Gibraltar. Notice that the chapter deals with the story of "el Rey Flores e de Yuçaf Alchari," so that the compiler is attributing to the fictional character the deeds of the real one. The villages of Salé and Tánger still exist in present-day Morocco.

[439] The compiler is referring to 'Abd al-Rahman I (r. 756–788), who is the only Umayyad to survive the Abbasid massacre. Notice that the *Chronicle* affirms that he is from the lineage of the Umayyads [MS. *Aben Humeya*].

[440] *7583:* abrahen.

[441] The "farfanes" [MS. *frafanes*] were, as the compiler mentions, Christians who went to Morocco in the eighth century, only to return to Castile in the year 1390 (see Introduction).

E depues que el Rey Flores ouo ganado lo mas de la tierra de Africa, dexo y por adelantado a su ayo don Gandifer, e el tornose para su reyno del Andaluzia. Mas agora dexa la estoria de fablar desto por contar como su fija la ynfante Berta fue casada con el Rey Pepino de França e de Alemaña.[442]

---

[442] The next two stories in the MS are those of *Berta aux grands pieds*, daughter of Flores and Blancaflor, and *Mainete* (young Charlemagne), grandson of our heroes. The three stories have a strong thematic coherence, since Flores and Blancaflor are the parents of Berta, and the grandparents of Charlemagne. Although the three stories had separate origins, it is noteworthy how well Spanish historiography has sewn them together in this *Chronicle*.

Index of Proper Names

Abbas, Muhammad's uncle, 98n283
Abdalla, *see* Abu-l-Abbas al-Saffah
'Abd al-Malik ibn Qatan al-Fihri, *cf.* Abdemelic, Abdemelid, 32, 73, 73n169, 74, 74n171, 74n173, 77, 86, 131, 131n416, 132
'Abd al-Rahman I, *cf.* Abderramen, Abdurramen, 29, 32, 32n97, 49n3, 56n48, 98n282, 132, 134, 134n439
'Abd al-Rahman III, 31n94
'Abd al-Rahman ibn 'Abd Allah al-Gafiqui, *cf.* Abderramen, Abdurramen, 32, 55n42, 60, 60nn80–81, 61, 61n93, 62, 65, 66, 73
Abdemelic, *see* 'Abd al-Malik ibn Qatan al-Fihri
Abdemelid, *see* 'Abd al-Malik ibn Qatan al-Fihri
Abderramen, *see* 'Abd al-Rahman ibn 'Abd Allah al-Gafiqui, or 'Abd al-Rahman, according to chronology
Abdurramen, *see* 'Abd al-Rahman ibn 'Abd Allah al-Gafiqui, or 'Abd al-Rahman, according to chronology
Aben Hut, *see* Muhammad ibn Hud
Abilit, *see* Al-Walid ibn Yazid
Abrahen, *see* Bramante
Abu 'Abd Allah Muhammad Al-Nasir, 129n406
Abu Amir Muhammad ibn Abi Amir, *cf.* Almanzor, 131n421
Abucatar, *see* Abu-l-Jattar Husam ibn Dhirar al-Kalbi
Abu-l-Abbas al-Saffah, *cf.* Azalo, Abdalla, 32, 98n283, 127, 127nn392–94, 128

Abu-l-Jattar Husam ibn Dhirar al-Kalbi, *cf.* Abucatar, 32, 74n173, 97, 97nn277–78
Abu Yafar al-Mansur, *cf.* Almanzor, Almozoar, 32, 131, 131n421
Achiles (Aquiles), 15n57, 15n60
Adosinda, Queen of Asturias, *cf.* Esenda, 113, 113n336
Aeneas (Eneas), 15n58
Aerts, Willem J., 88n240
Agostin, *cf.* Gaydon, 126, 126n389, 127
Alberta, *see* Berta, daughter of Flores and Blancaflor
Alfaharí, governor of Toledo, 132n428
Alfanges, Admiral, 6, 6n19, 100–4, 104n308, 107, 108, 110
Alfonso I, King of Asturias, 30, 31, 33, 54, 54n36, 54n38, 55, 55n41, 55n42, 56, 56n46, 60, 66, 66n123, 67, 73, 74, 77, 78, 86, 96, 97, 99, 113, 113n336, 113n340, 114, 114n341
Alfonso II, King of Asturias, 121, 121n371
Alfonso II, King of Portugal, 129n406
Alfonso VIII, King of Castile, 129n406
Alfonso X, King of Castile and Leon, 22, 99n293, 129n406
Ali Aben Tahali, *see*, Ali ibn Abu Talib
Ali ibn Abu Talib, *cf.* Ali Aben Tahali, 128, 128n401, 129
Almanzor, *see* Abu Amir Muhammad ibn Abi Amir, or Abu Yafar al-Mansur, according to chronology
Almozoar, *see* Abu Yafar al-Mansur
Al-Sumayl ibn Hatim, *cf.* Zimael, 97, 97n278

Al-Walid ibn Yazid, *cf.* Abilit, Ulit, 31, 50, 50n6, 74, 96, 97
Anambadus, Bishop of Urgel, *cf.* Nanado, 61, 61n89
Apialadoro, 15n60
Apuleius (Apuleyo), 9
Aristotle (Aristóteles), 58n60
Arthur (Arturo), King, 1
Assenede, Diederic van, 4n16
Augustine (Agustín), Saint, 116, 117, 117nn358–59, 118, 126, 126n389
Aura, Ekkehard of, 28n85
Aurelio, King of Asturias, 31, 113, 113n336
Auxerre, Robert of, 28n85
Avalle-Arce, Juan Bautista, 89n245, 90n250, 102n303, 126n386
Avignon, Bell'Aia de, 14
Azalo, *see* Abu-l-Abbas al-Saffah
Babilon, Sultan of, 16, 17, 17n63, 19, 19n65, 20, 20n66, 65, 65n116, 76, 79–81, 87, 92, 99, 100, 103, 104, 111, 112, 115
Baly ibn Bisr, 32n96, 74n173
Baranda, Nieves, 2, 2n4, 3n10, 4, 4nn12–13, 5n18, 6, 7, 7nn20–21, 10, 11n43, 12, 12n50, 13n53, 14n55, 15, 15n61, 23, 23n76, 24, 25, 25n81, 28, 89n246, 115n351
Barrio, José Antonio, 120n367
Barton, Simon, 28n85
Basset, René, 9, 9n32
Bautista, Francisco, 8, 8n23, 20, 24n77, 26, 26n83, 27, 58n60, 60n85, 96n275, 97n279, 98n284, 99n290, 105n314, 113n335, 128n400, 130nn407–9, 131n418
Begon, King of Toulouse, 133n432
Belgi, 86, 130–32
Benedict, (Benito), Saint, 78
Berceo, Gonzalo de, 22
Bermudo, King of Asturias, 113
Bernard (Bernardo), Saint, 115, 115n351, 117n358
Berta, Countess, 52, 53, 58, 68, 122, 126
Berta, daughter of Flores and Blancaflor, *cf.* Alberta, Genta Alberca, 8, 16, 17, 17n63, 19, 19n65, 20, 20n66, 21, 21n69, 22, 23, 25n80, 29, 32, 87, 124, 125, 125n384, 126, 126n388, 132n429, 135, 135n442
Berthe de Neustrie, 87n233
Bertrada de Laon, 87n233
Biblis, 14
Blancaflor, 2, 3, 3n9, 7, 7n22, 8, 9n28, 11n47, 14, 14n56, 15, 15nn57–61, 16, 17, 17n63, 18, 19, 19n65, 20, 20n66, 21, 21n69, 22, 23, 23n71, 26, 26n83, 27, 49, 49n1, 51n19, 52n24, 53, 53n31, 56, 56n51, 57, 57n53, 58–60, 62, 62n96, 63, 63n102, 64, 65, 65n115, 67–69, 69n137, 70, 70n146, 71, 71n153, 72, 73, 73n165, 75–77, 77n186, 79, 79n196, 80, 82, 82nn209–11, 83–85, 85n221, 86, 87, 87n234, 88, 89, 89n246, 90, 90nn251–52, 91, 91n253, 92–94, 94n263, 95, 96, 99, 99n292, 100, 103, 104, 104n309, 105, 106, 108–12, 114, 115, 115n345, 115n351, 116, 117, 117n358, 118, 118n363, 119–23, 123n379, 124, 124n380, 125, 125n384, 126, 132n429, 135n442
Blanche (Blanca) of France, 11n47
Boccaccio, Giovanni, 5, 5n17, 6, 23n71
Bodel, Jean de, 1
Bohigas, Pedro, 2, 2n5
Boniface (Bonifacio), Saint, Archbishop of Mainz, 86, 86n232
Bonilla y San Martín, Adolfo, 7n20, 10, 10n39, 11, 13n51, 13n53, 14n54, 52n22
Bramante, king of Zaragoza, *cf.* Abrahen, 132, 133, 133nn431–32, 134
Brendan (Brandán), Saint, 115n351
Brink, Jan ten, 9, 9n29
Briseide (Briseida), 15n57
Brisona, 15n57
Brunet, Jacques-Charles, 13n52
Caben, *see* Tuwaba ibn Salama al-Yudami
Cabrera, Guiraldo (Guerau) de, 14, 15, 15n61
Cacciaglia, Mario, 3n10, 9, 9n34
Caesar (César), Emperor of Rome, 33n98
Calleja, Seve, 23n73

Cam, son of Noah, 101n297
Caribert of Laon, Count, 87n233
Carloman, King of France, son of Charles Martel, 31, 66, 66n122, 78, 78n194
Carloman, King of France, son of Pepin the Short, 66n122
Casariego, Jesús, 55n41, 113n340, 114n342, 121n371
Catalán Menéndez-Pidal, Diego, 27, 28, 28n84
Cátedra, Pedro, 102n303
Caumus, 14
Charlemagne (Carlomagno), King of France, 1, 21, 21nn68–69, 22, 31–33, 50n8, 51n20, 52n24, 66n122, 78n194, 117n358, 132, 132n429, 133nn430–32, 135n442
Charles Martel (Carlos Martel), King of France, 21, 21n69, 31, 54, 54n40, 55, 55n43, 56, 60n80, 66, 66nn120–22
Chus, son of Cam, 101n297
Clemencín, Diego, 22, 22n70
Cloris, *see* Gloris
Cluzel, Irénée, 14, 14n55
Cologne, Bertrade of, 87n233
Constantine IV (Constantino), Emperor of Byzantium, 31n93, 66, 66n121
Constantine V (Constantino), Emperor of Byzantium, 31, 31n93, 66n121, 77, 86, 96, 113, 114, 121
Cooper, Louis, 21n69
Correa Rodríguez, Pedro, 3n10, 7n20, 12, 12nn48–49, 13n51, 13n53, 18, 18n64, 19, 24, 24n77, 25, 50n11, 51n19, 53n31, 65n116, 83n215, 105n314, 117n358, 122n376
Corriente, Federico, 122n376
Covadonga, battle of, 54n38
Crescini, Vincenzo, 5n17
Crocioni, Giovanni, 5n17
Cultho, 130
Dante Alighieri, 100n295
Darío Lobrondo, 77n185
Daumas, Fabienne, 5n17
Daytes, 73n165, 77, 82n209, 83–85, 87, 88, 93, 111, 112
Delbouille, Maurice, 3n10

Deyermond, Alan, 2, 2nn3–4, 28, 28n84
Dian, don, *see* Ibn Dinar
Dido, Queen of Carthage, 15n58
Diniz I, King of Portugal, 15n59
Diogenes, 12
Durandart, sword, 133n431
Eaco, King of Enopia, 101n297
Egica, Visigothic king of Spain, 55n41
Egypt, Caliph of, 129
Ellidus, 14n56
Ermesinda, Queen of Asturias, *cf.* Ormesenda, 54n38, 113
Esenda, *see* Adosinda
Eudes of Aquitaine, Duke, 60n80, 60n84, 61, 61nn93–94, 66
Fatimah Zahra, daughter of Muhammad, 128, 128n401, 129, 129n403
Favila, King of Asturias, 31, 33, 54, 54nn37–38, 55n41
Fernando III, King of Castile, 129, 129n406
Fernando, son of Alfonso X, 11n47
Fines, King of Almería, 3, 3n9, 9n28, 24, 30, 31n92, 49, 50, 50n6, 51–53, 56, 56n51, 57, 57n53, 60–65, 67, 67n128, 72–78, 86, 93, 97, 98, 100, 102, 102n301, 112, 118, 120, 121, 121n372, 122, 124, 131, 131n414, 132
Fleck, Konrad, 4, 4n16, 6, 11, 11n45
Fletcher, Richard, 29, 29n89, 54n40
Flores, 2, 3, 3n9, 6, 7n22, 8, 9n28, 11n47, 12, 14, 14n56, 15, 15nn57–61, 16, 17, 17n63, 18, 19, 19n65, 20, 20n66, 21, 21n69, 22, 23, 23n71, 24–26, 26n83, 27, 30, 31, 31n94, 32, 49, 49n1, 52n24, 53, 53n32, 56, 56n51, 57, 57n53, 57n57, 58–60, 62, 62n96, 63, 63n102, 64, 65n115, 67, 67n128, 68, 69, 69n137, 70, 71, 71n153, 73, 73n165, 74, 75, 75n175, 76, 76n184, 77, 77nn185–86, 78, 79, 79n195, 80, 81, 81n201, 82, 82nn209–11, 85, 85n221, 86, 87, 87n234, 87n238, 89n246, 90n250, 90n252, 91, 91n253, 92, 93, 93n258, 93n260, 94–96, 96n272, 99, 99n292, 99n294, 100, 101, 102n301, 103, 104, 104n309, 105–8, 110–12,

114, 115, 115n345, 115n351, 116, 117, 117nn357–58, 118, 118n363, 119–21, 121n372, 122, 123, 123n379, 124, 124n380, 125, 125n385, 126, 126n389, 127, 131n414, 132n429, 133, 133n433, 134, 134n438, 135, 135n442
Florinda (la Cava), 122n376
Fray Luis de León, 116n353
Frondino, 15n57
Fruela, King of Asturias, 31, 33, 54, 55, 113, 113n336, 114, 114nn341–42, 121, 121nn370–71, 124, 126, 127, 134
Futre Pinheiro, Marília, 3n8
Galafre, King, *see* Hisham
Galiana, *see* Sevilla Galiana
Gallardo, Bartolomé José, 13n52
Gandifer, 59, 63, 64, 68, 72, 73, 75, 76, 84, 87, 89, 93, 93n258, 96, 96n272, 99n294, 101, 102, 102n301, 102n303, 103, 104, 111, 118, 119, 135
García de Salazar, Lope, 16, 17n63, 18, 19, 22
Gayangos, Pascual de, 19n65
Gaydon, *cf.* Agostín, 57, 59, 72, 73, 75, 76, 84, 87, 89, 93, 93n258, 96, 96n272, 100n295, 101, 102n303, 103, 103n304, 104, 111, 118, 119, 119n366, 120, 126, 126n389
Gembloux, Gilbert (Gilberto) of, 28, 28n85, 29
Genta Alberca, *see* Berta, daughter of Flores y Blancaflor
Giacone, Roberto, 23
Gilberto, *see* Sigiberto
Gloricina, *see* Gloris
Gloris, *cf.* Cloris, Gloricina, Glorisia, 90, 90n252, 91, 91n253, 92–94, 94n263, 95, 111, 112
Glorisia, *see* Gloris
Goldberg, Harriet, 90n250
Goldenberg, David M., 101n297
Gómez Pérez, José, 7n20, 10, 10n40, 11, 11n46, 14n54, 16n62, 20n66, 22–25, 25n80, 28, 28nn86–87, 29, 69n138, 70n146, 71n153, 91n253, 116n353
Gómez Redondo, Fernando, 7n20, 16n62, 24

González del Río, José María, 19
González Rovira, Javier, 3, 3n7
Gradifer, Admiral, 99, 99n294, 104, 104n308, 106, 107, 110
Greater Zab, battle of the, 98n282, 127n394
Gregory III (Gregorio), Pope, 31, 54, 54n40, 67, 67n127
Grieve, Patricia, 3n10, 7, 7nn20–22, 8, 8n24, 10, 10n42, 11, 11n47, 23, 23n72, 23n75, 24, 24nn78–79, 25, 25n81, 27–30, 30n90, 31n94, 50n11, 75n179, 91n253, 94n263
Guarín, 117n358, 119, 120, 126
Guilberto, *see* Sigiberto
Guilhade, Joham de, 15n59
Guillén de Brocar, Arnao, 13
Guinevere (Ginebra), Queen, 15n57, 15n58
Haddawy, Husain, 10n36
Halia, *see* Sevilla Galiana
Handres, Jonás de, 12
Helen (Elena) of Troy, 14n56, 71, 71n153
Herzog, Hans, 9, 9n27
Hesseling, Dirk C., 9n28
Hisham, *cf.* Galafre, Hixen, 132, 132n428, 133, 133n430, 133n432, 134
Hisham ibn Abd-al-Malik, *cf.* Ysca Miramomelin, 24, 30, 31, 31n92, 31n94, 49, 49n3, 50, 50n6, 54, 60, 60n81, 61, 72, 74–77, 86, 97, 122, 130
Hixen, *see* Hisham
Huet, Gédéon, 9, 9n31
Ibn Dinar, *cf.* Dian, Don, 97, 97n276
Ibrahim ibn al-Walid, *cf.* Ybracum, 31, 97, 97n280, 98, 98n282
Imperial, Micer Francisco, 15
Infantes, Víctor, 2, 2n4, 3n10, 4, 4n12–13, 5n18, 7, 7n21, 10, 11n43, 13n53, 23, 23n76, 24, 89n246
Isolde, *cf.* Yseo, 2, 14n56, 15nn57–59, 71, 71n153
James (Santiago), Saint, 51n20
Johnston, Oliver M., 3n10, 9, 9n33
Joyas, Duke, 57, 59
Juan I, King of Castile, 33n98
Juan Ruiz, Arcipreste de Hita, 15
Julián, governor of Ceuta, 122n376
Justinian (Justiniano), 100n295

Kasten, Lloyd A., 51n13
Khadidja, wife of Muhammad, 128n401
Kölbing, Eugen, 4n16
Laing, David, 4n11
Lamballe, Garin (Guivret, Gaheriet) de, 126n386
Lampegia, daughter of Duke Eudes, 60n84, 61nn93–94
Lancelot, 15nn57–58, 15n60
Leclanche, Jean-Luc, 9, 9n35, 11, 11nn44–45, 27
Leendertz, Pieter, 4n16
Leo III, Emperor of Byzantium, 31, 56, 66, 66n121
Leovigild, Visigothic king of Spain, 74n171
Licores, 73n165, 77, 84, 85, 87, 88, 111, 112
Liutprand, King of the Lombards, 55, 55n43
Livemore, Harold V., 61n89
Mainete (young Charlemagne), 8, 21, 21n68, 22, 23, 25n80, 29, 32, 50n8, 132n429, 133n431, 135n442
Martorel, Joanot, 15
Maruntius (Maruncio), Duke of Provence, 56
Marwan ibn Muhammad, cf. Moroan, 31, 98, 98nn282–83, 99, 99n290, 114, 127, 127n391, 127n392, 127n394, 128–30
Mauregato, King of Asturias, cf. Mueregato, 31, 113, 113n336
Menéndez Pidal, Ramón, 22
Menina, see Munia, Queen of Asturias
Méril, Édélestand du, 4n11, 4n13, 9, 9n26
Moabia, see Muawiya ibn Abu Sufyan
Moroan, see Marwan ibn Muhammad
Muawiya ibn Abu Sufyan, cf. Moabia, 128, 128n401
Mueregato, see Mauregato, King of Asturias
Muhammad Aben Audalla, see Muhammad ibn ʿAbd Allah al-Ashjai
Muhammad ibn ʿAbd Allah al-Ashjai, cf. Muhammad Aben Audalla, 32, 60, 60n82

Muhammad ibn Hud, cf. Aben Hut, 129, 129n406
Muhammad ibn Tumart al-Mahdi, 129n405
Muhammad, Prophet, 98n283, 126–28, 128n401, 129n403
Munia, Queen of Asturias, cf. Menina, 121, 121n371
Munuza, governor of Gijón or León, 60n84
Munuza, governor of Septimania, cf. Muñoz, 60n84, 61, 61nn93–94, 62, 63
Muñoz, see Munuza, governor of Septimania
Mussons, Ana María, 9n28, 14n55, 24n77
Nanado, see Anambadus, Bishop of Urgel
Navas de Tolosa, battle of the, 129n406
Nembros, see Nimrod
Niʾma ibn al-Rabiʾ, 10
Nimrod, King of Mesopotamia, cf. Nembros, 101n297
O'Callaghan, Joseph F., 54n38, 97n276
Ocba Abenapaso, see Uqba ibn Hayyay al-Saluli
Ocha Abenapaso, see Uqba ibn Hayyay al-Saluli
Orbênt, Ruoprecht von, see Orbigny, Robert d'.
Orbigny, Robert d', cf. Orbênt, Ruoprecht von, 11, 11n45, 27
Oriana, 15n60
Ormesenda, see Ermesinda, Queen of Asturias
Ortolá Salas, Francisco Javier, 3, 3n10, 5n17, 6, 9n28, 15, 15n61
Ott, C., 66n122
Papanikolaou, Kostas, 5n17
Paris, 2, 14, 14n56, 15n57, 15n60, 71, 71n153
Paris, Gaston, 4n12, 5n18, 7n22, 9, 9n30, 16, 22, 27
Paris, Paulin, 4n11, 10, 10n37, 11
Paul I (Paulo), Pope, 31, 98n285, 114, 114n343, 125
Paul (Pablo), Saint, 117n358, 119, 120n367
Pedro de Cantabria, Duke, 54, 54n38, 55, 55n41

Pedro de Macremeno, *see* Peter of Maiouma, Bishop
Pedro II, King of Aragon, 129n406
Pelan, Margaret, 4n13, 4n15
Pelayo, King of Asturias, 30n91, 31, 54, 54n38, 55, 55nn41–42, 113
Pepin (Pepino) the Short, king of France, 16, 17, 17n63, 20, 20n66, 21, 21n69, 31, 32, 66n122, 78, 78n194, 86, 87n233, 114, 124, 135
Pérez de Guzmán, Fernán, 120n367
Persia, Sultan of, 65, 81
Peter of Maiouma, *cf.* Pedro de Macremeno, 74, 74n174
Phedra, 15n57
Piramus, *cf.* Pyramus, 2, 14, 14n56, 15nn57–58, 71, 71n153
Pirro, 15n57
Pizzi, Italo, 9, 9n25
Poitiers, battle of, 54n40, 60n80
Proencia, Count of, 16, 17n63
Proencia, Countess of, 16, 17n63
Pyramus, *see* Piramus
Quaglio, Antonio Enzo, 5n17
Recaredo I, Visigothic king of Spain, 55, 55n41
Recaredo II, Visigothic king of Spain, 55n41
Reinhold, Joachim, 7, 7n21, 9
Remesiana, Nicetas of, 117n359
Rodrigo, Visigothic king of Spain, 122, 122n376
Rodríguez de Montalvo, Garci, 89n245
Sacon, *see* Salih, brother of Abu-l-Abbas
Salih, brother of Abu-l-Abbas, *cf.* Sacon, 127, 127n394
Sancho IV, King of Castile, 25, 28
Sancho VII, King of Navarre, 129n406
Santa María, Pablo de, 101n297
Segiberto, *see* Sigiberto
Serena, 14n56
Sevilla, doña, 50, 50n8, 56, 57n53, 58, 59, 62
Sevilla Galiana, *cf.* Galiana, Halia, 50n8, 132, 132n429
Shutters, Lynn, 21n67, 53n32

Sigiberto, *cf.* Gilberto, Guilberto, Segiberto, Sygiberto, 27–29, 49, 49n2, 50, 51, 53, 56, 57, 61, 67, 79, 87, 115, 122, 133,
Silo, King of Asturias, 31, 113n336
Sommer, Emil, 4n11, 4n16
Steinmeyer, Elias von, 4n16
Stephen (Esteban) II, Pope, 31, 98, 98n285
Stephen (Esteban) III, Pope, 31, 98n285, 114
Sygiberto, *see* Sigiberto
Ta-l-Aba ibn Salama al-Amili, 32n96, 74n173
Tarif ibn Malluk, 131, 131n412
Tençer, Admiral, 99, 99n293, 101, 101n297, 104–7, 109–11
Teijeiro Fuentes, Miguel Ángel, 3, 3n6
Thisbe, cf. Tibes, Tiubes, 2, 14, 14n56, 15nn57–58, 71, 71n153
Tibes, *see* Thisbe
Tiubes, *see* Thisbe
Toaba, *see* Tuwaba ibn Salama al-Yudami
Toroella, Guillem de, 14
Tristan, 2, 14n56, 15, 15nn57–60, 71, 71n153
Troilus, *cf.* Troyol, 15n57, 15n60
Troyol, *see* Troilus
Tuwaba ibn Salama al-Yudami, *cf.* Caben, Toaba, 32, 97, 97n279, 98, 98n286
Tuy, Lucas de, 29, 29n88
Ulit, *see* Al-Walid ibn Yazid
Uqba ibn Hayyay al-Saluli, *cf.* Ocba, Ocha Abenapaso, 32, 74, 74n173, 77, 78, 78n191, 86
Valero, Marcelo, 10, 10n41
Vasconcellos, Michaëlis de, 15
Viana, 2, 15n57, 15n60
Villena, Enrique de, 102n303
Vimarando, son of Alfonso I el católico, 113
Virgil (Publius Vergilius Maro), 90n250
Vitiza, *see* Witiza, Visigothic king of Spain
Vriana, 15n57
Vries, Francisca Catharina de, 4n16
Wehrle, J., 10, 10n38
Witiza, Visigothic king of Spain, *cf.* Vitiza, 55n41, 114, 114n342.

Index *143*

Wolfzettel, F., 51n20
Ximénez de Rada, Rodrigo, 29, 29n88
Yazid ibn Abd-Al Malik, *cf.* Yzid, 31, 49, 49n4, 97
Yazid III, 31n95
Ybracum, *see* Ibrahim ibn al-Walid
Yon, King of Bourdeaux, 133n432
Ypolit, 15n57
Ysca Miramomelin, *see* Hisham ibn Abd-al-Malik
Yseo, *see* Isolde
Ytis, 14

Yuçaf Alchari, *see* Yusuf ibn 'Abd al-Rahman al-Fihri
Yuçuf Alchari, *see* Yusuf ibn 'Abd al-Rahman al-Fihri
Yusuf ibn 'Abd al-Rahman al-Fihri, *cf.* Yuçaf, Yuçuf Alchari, 31, 32, 56n48, 98, 98n289, 99, 121, 126, 127, 132, 133, 133n433, 134, 134n438
Yzid, *see* Yazid ibn Abd-Al Malik
Zachary (Zacarías) I, Pope, 31, 67, 67n127, 78, 98
Zimael, *see* Al-Sumayl ibn Hatim

Index of Place Names

África, 19, 20, 20n66, 25, 28, 50, 75, 76, 78, 97, 99n293, 101n297, 112, 127, 127n391, 128, 129, 129nn404–5, 134, 135
Al-Ándalus, 49n3
Álava, 56, 67, 67n127
Alcalá, 13, 14, 16
Alemania, 92, 125, 135
Algarbe, 122, 122n376, 124
Algeciras, 50, 50n12, 98, 132
Alicante, 98, 132
Alixacon, 56
Almería, cf. Aumerie, 12, 13, 16, 17, 17n63, 19, 19n65, 20, 20n66, 30, 31, 31n92, 50, 50nn11–12, 52, 56, 60–64, 68, 73–77, 86, 97, 100, 120–22, 126
Alvegia, 56
Amaya, 56
Anca, 56
Anchin, 28n85
Andalucía, 50, 119, 122, 124, 134, 135
Anegi, 56
Aquitania, 61n94
Arabia, 86, 134
Aragón, 33n98
Argança, 56
Arlés, 55, 55n43, 56n48
Asia, 56, 65, 65n116, 75
As-Sa'id (Asimo), 128, 128n395
Astorga, 55, 55n42
Asturias, 31, 33, 55, 55n42, 67, 67n127, 114, 121, 121n371
Atenas, 101n297
Aumerie, see Almería
Austrasia, 66n122
Avignon, 56
Ávila, 56

Ayzon, 56
Babilonia, 3, 3n9, 13n51, 19, 65nn115–16, 75, 77, 77nn185–86, 82, 83, 85, 90n252, 112, 115
Baghdad, 32, 49n3, 75n179, 98n283, 129, 129nn402–3, 131n421
Barcelona, 97n276
Bardulia, 56
Bélgica, 28n85
Berbería, 75
Berrezia, 56
Biseo, 56
Borgoña, 66n122
Bragana, 56, 126
Bretaña, 1n1
Bulvies, 75, 75n179
Burdeos, 133, 133n432
Cádiz, 50n12, 132, 134
Cairo, 65n116, 81, 129n403
Calabria (Çilubria), Monte, 74n171
Cangas (Gangas) de Onís, 113, 113n338, 113n340
Cantabria, 67n127
Carbonera, 56
Carrión, río, 56
Castilla, 25, 26, 26n83, 33n98, 56, 102n303, 129n406, 134n441
Castilla Vieja, 56, 67, 67n127
Cataluña, 14, 15, 33n98, 61n93
Cerdeña (Çiritania), 61, 61n93
Ceuta, 122n376, 131
Cilubria (Çilubria), 74
Cismera, 56
Consuegra, 134, 134n435
Córdoba, 27, 29, 30, 31n94, 32, 49n3, 50n12, 60, 60n82, 61, 73n169, 74n173, 78, 86, 97n276, 98n282, 98n286,

98n289, 119, 122, 124, 126, 129,
   129n404, 131, 131n416, 132
Corniza, 56
Coruña (Cruña) del Conde, 56
Damasco, 29–31, 31n94, 32, 32n97, 33,
   49nn3–4, 50n6, 97n276, 98nn282–83,
   127n392, 128n401, 129n403, 131n416
Dueñas, 56
Duero, río, 56
Ebro, río, 74, 74n171, 116n353
Egipto, 65n116, 75, 76, 79, 81, 82,
   99, 103, 112, 127n394, 128n395,
   129n403, 129n405
Enopia, 99n293, 101, 101n297
España, 1, 7n20, 8, 10, 11, 11n47, 12,
   14, 14n54, 16, 17n63, 19, 19n65, 20,
   20n66, 21, 22, 23n71, 25, 28, 28n85,
   29–31, 31n92, 32, 33, 33n98, 49n3, 50,
   50n6, 51, 52n26, 54n38, 60, 60n81,
   61, 62, 73, 73n167, 74, 76, 77, 77n187,
   78, 85, 86, 96, 96n274, 97, 97n276,
   98, 98n282, 99, 99n291, 99n293,
   100, 112, 113, 113n334, 115n348,
   116n353, 121, 122n376, 126, 128,
   129, 129nn404–6, 131, 131n412, 132,
   132n428, 133, 133n432
Esperia, *see* Hesperia
Etiopía, 99n293, 101n297
Europa, 1, 9, 11, 54n40, 56
Exçeria, 99, 99n293, 101n297
Flavia, 56
Francia, 1, 1n1, 6, 7, 14, 16, 20, 20n66,
   21, 32, 33, 51, 54, 54n40, 55, 56,
   61n93, 66n120, 78, 86, 117, 124, 125,
   125n384, 132, 132n429, 135
Galia Gótica, *cf.* Septimania, 61, 61n94,
   66, 66n119
Galicia, 51, 52, 55, 55n42, 121, 121n371,
   124, 126,
Galdón, 102n303
Gascona (Gascueña), 66
Germania, 65
Gerona, 97n276
Gibraltar, 134n438
Gijón, 60n84
Granada, 50, 50n12
Guadalquivir, río, 98

Guádix, 50, 50n12
Hesperia, *cf.* Esperia, 99n293, 101n297
Hungría, 23n71
Jerez (Xerez), 50, 50n12
Kufa, 10
La Rioja, 74n171
Ledesma, 56
León, 33n98, 55, 55n42, 56, 122n376, 126
Libia, 56, 127
Liébana, 67, 67n127
Logroño, 74n171
Lugo, 55, 55n42
Lusitania (Lusitaña), 116n353
Mafani, río, 130
Málaga, 50, 50n12
Marismas de Galicia, 56
Marruecos, 25, 134, 134n438, 134n441
Medina, 128n401
Medina Sidonia, 50n12
Miranda, 56
Monte Casino (Montasín), Monasterio de,
   78, 78n194
Montor, 50, 50n12, 57, 57n53, 58, 59, 64,
   67, 68
Mova, 56
Narbona, 60n84, 61n94
Navarra, 21, 56, 121
Neustria, 66n122
Nilo, río, 128
Nubia, 99
Numancia, 56
Oliferna, 100
Oporto, 56
Osma, 56
Oviedo, 29, 114, 126
Pamplona, 56, 67, 67n127
París, 65
Península Ibérica, 2n2, 6, 14, 27, 71n153
Persia, 9, 65n116
Pirineos, Montes, 56, 61n94, 74
Pisuerga, río, 56
Portugal, 33n98, 56, 122n376
Proencia, *see* Provencia
Provencia, *cf.* Proencia, 16, 17n63, 66n122
Puerto de Portugal, *see* Oporto
Roma, 1, 1n1, 22, 33, 78, 118, 119, 124,
   125, 125n385, 126

Index

Ruconia, 56
Sajonia, *see* Sansueña
Salamanca, 19, 56
Saldaña, 56
Salé (Zale), 134, 134n438
San Pedro de Cardeña, 28
San Silvestre, Monte de, *cf.* Soracte, Sipçiti, 78, 78n194
Sansoigne, *see* Sansueña
Sansueña, *cf.* Sajonia, Sansoigne, 116, 116n353
Santiago de Compostela, 51, 51n20, 52, 52n22, 123
Saraçio, 56
Segovia, 56
Senda, 50, 50n12
Septimania, *see* Galia Gotica
Sepúlveda (Sepulvega), 56
Sevilla, 50n11, 126, 129, 129n406
Sierra Morena, 129n406
Simancas, 56

Sipçiti, Monte, *see* San Silvestre, Monte de
Siria, 74
Sopuerta, 56
Soracte, Monte, *see* San Silvestre, Monte de
Tánger (Tanjar), 130, 134, 134n438
Tarifa, 50, 50n12, 98, 132
Tierra de Campos, 56
Toledo, 131, 132, 132nn428–29, 133, 133nn430–31, 134n435
Tolosa, 133, 133n432
Toro, 56
Touraine, 66n122
Troya, 14n56
Tuy, 55, 55n42
Valencia, 33n98
Vizcaya, 56, 67, 67n127
Zamora, 56
Zaragoza, 78, 78n192, 97, 97n276, 116n353, 132, 133, 133nn430–31, 134
Zela, río de, 56